AF455856

UNIVERSITÉ DE RENNES

FACULTÉ DE DROIT

THÈSE POUR LE DOCTORAT

DU

BAIL A COLONAT PARTIAIRE

ÉTUDE DE LA LOI DU 18 JUILLET 1889

Thèse présentée et soutenue le Lundi 16 Juillet 1900

PAR

M. GODINOT

EXAMINATEURS :

MM. FETTU,
VIGNERTE, } *Professeurs.*
BODIN.

RENNES
IMPRIMERIE FR. SIMON, SUCC^r DE A. LE ROY
IMPRIMEUR BREVETÉ
1900

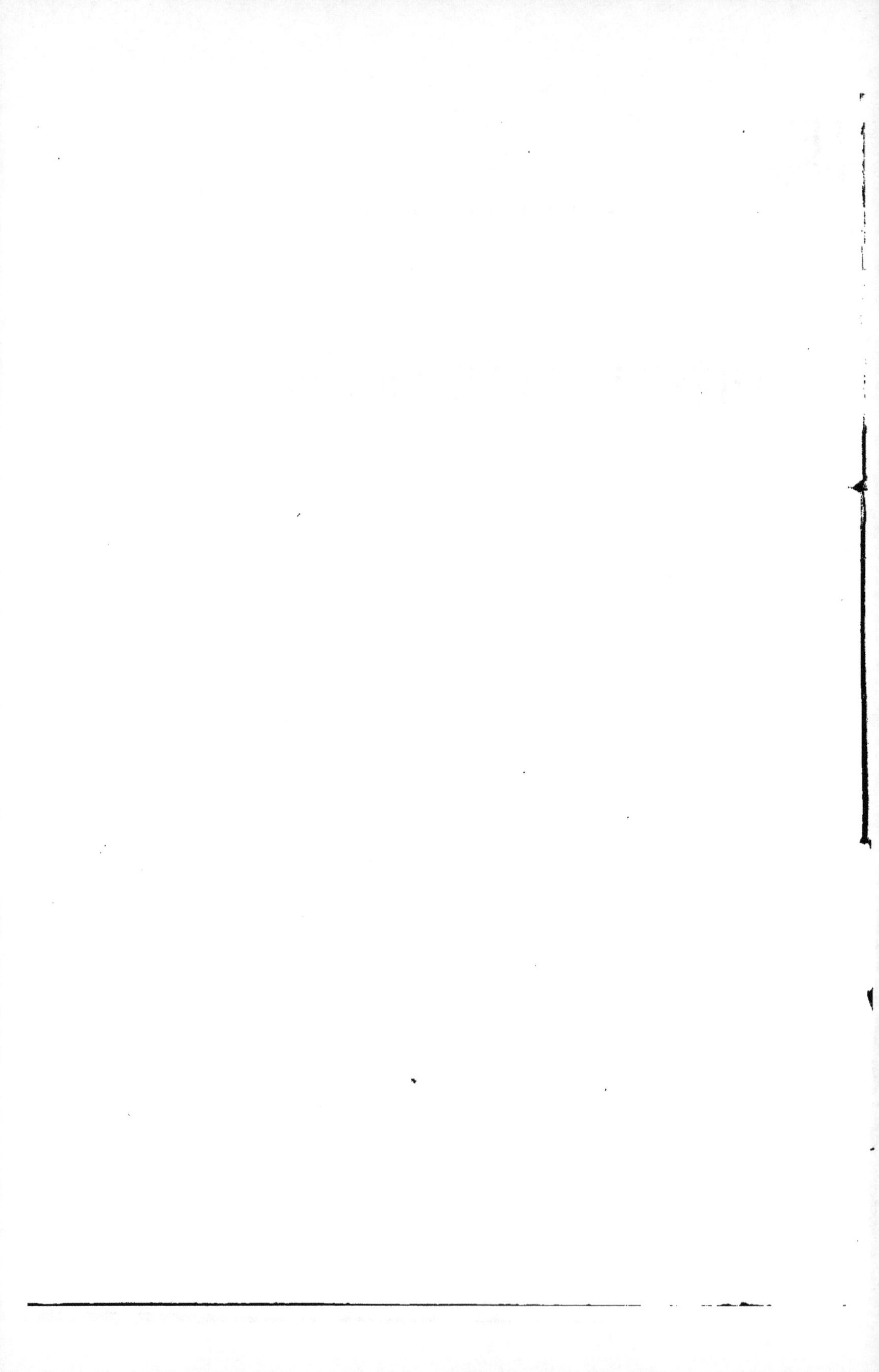

THÈSE

POUR LE DOCTORAT

UNIVERSITÉ DE RENNES

FACULTÉ DE DROIT

THÈSE POUR LE DOCTORAT

DU

BAIL A COLONAT PARTIAIRE

ÉTUDE DE LA LOI DU 18 JUILLET 1889

Thèse présentée et soutenue le Lundi 16 Juillet 1900

PAR

M. GODINOT

EXAMINATEURS :

MM. FETTU,
VIGNERTE,
BODIN,
Professeurs.

RENNES
IMPRIMERIE FR. SIMON, SUCC[r] DE A. LE ROY
IMPRIMEUR BREVETÉ

1900

A LA MÉMOIRE

DE MES PARENTS

A MA TANTE

A MA SŒUR

BIBLIOGRAPHIE

Recueil des Pandectes françaises. — Au mot Colonage Partiaire, t. XII, p. 279.

Répertoire du Droit français, publié sous la direction de M. Fuzier Herman, par MM. Carpentier et Frèrejouant du Saint, t. VII, p. 219.

Recueil des Commentaires des lois nouvelles. — Commentaire de la loi du 18 juillet 1889 par M. Pierre de l'Épine. Année 1890, 1re partie, p. 759 et 773.

Aubry et Rau. — *Traité de Droit civil*, t. IV, § 509-514.

Baudry Lacantinerie. — *Traité du Contrat de louage*. 2 vol., t. II, passim.

Guillouard. — *Traité du Contrat de louage*. 1887, 2 vol., t. II, p. 817 et suivantes.

Desvaux. — *Étude du Métayage*. Thèse de doctorat, Paris 1889.

Talamon. — *Le Métayage*. Thèse de doctorat, Paris 1889.

Pasquier. — *Le Métayage en Craonnais*. Paris 1890.

Truveilhier. — *Le Colonage partiaire*, d'après la loi de 1893. Paris 1893.

Garidel. — *Le Métayage dans l'Allier* (Réforme sociale, 2 janvier 1890.

De Gasparin. — *Guide des Propriétaires de biens soumis au métayage*.

Latreille. — *Étude sur le Métayage* (Revue critique, 1888).

Méplain. — *Traité du Bail à portions de fruits ou colonage partiaire.*

Bérolle. — *Traité du Colonage partiaire.*

Baudrillard. — *Le Métayage et son avenir, d'après une enquête récente.* 1er octobre 1885.

Bouissou et Turlin. — *Traité du Métayage ou Bail à colonat partiaire.* 1897, 1 vol.

Cauwain. — *Législation rurale.* 1 vol., section IV.

De Tourdonnet. — *Traité pratique du Métayage*, 1 vol.

Rapport de M. Million à la Chambre des Députés (Journal Officiel du 27 juillet 1888. Annexes, p. 757). *Rapport de M. Clément au Sénat* (Journal Officiel du 2 juin 1880. Annexes, p. 5938).

INTRODUCTION HISTORIQUE

Le Colonage partiaire est un contrat par lequel un propriétaire donne à un tiers la jouissance de sa terre pour qu'il la cultive moyennant une redevance consistant en une portion des produits de l'année.

Au moyen âge on employait pour désigner le colon partiaire, les mots *mestoyer* ou *moitoyer* dont nous avons fait *métayer*, *métairie* et *métayage*. Ces termes synonymes reflètent tous l'idée de partage à moitié, qui est le caractère essentiel de notre contrat. « A bien dire le mot métayer, dit Pasquier (*Recherches sur la France*, VI, p. 42), nous est aussi propre « que le partiaire en latin, l'un prenant sa dérivation de « *partiri*, l'autre de moitié. »

Qu'il soit désigné d'une façon ou d'une autre, le Colonage partiaire remonte certainement à une époque très lointaine. « De tous les éléments de la sociabilité humaine il n'en est « aucun qui paraisse avoir exercé une influence aussi continue « sur la marche de la civilisation que le colonage. Aucun « contrat en effet ne peut revendiquer des lettres de noblesse « de date plus ancienne puisque son institution est contem-

« poraine du droit de propriété ou en a suivi de bien près « l'établissement[1]. »

A l'origine, chacun cultive son champ, et lorsque le propriétaire devant l'agrandissement de son domaine se voit obligé de confier la culture à des étrangers, il est tout naturel qu'à une époque où le numéraire n'existait pas encore et où la valeur du rendement de la terre n'était pas nettement déterminée, la redevance ait consisté en une portion des produits.

On a trouvé des traces de colonage partiaire dans l'Inde, dans le Talmud, puis chez les Égyptiens. Ainsi nous voyons dans la *Genèse* que Joseph, premier ministre du Pharaon, concède aux Hébreux, au nom du prince, les terres qui leur avaient été enlevées, moyennant une redevance en nature, redevance qui est, à proprement parler, un tribut; car il est à remarquer que pendant très longtemps, le contrat de colonage n'a pas été consenti librement. Le métayer fut d'abord esclave, puis serf, toujours d'une condition inférieure. C'est ainsi que chez les Grecs, ce sont les Ilotes esclaves qui remplissent l'office de *colons*. Tyrtée les compare à des bêtes de somme et nous apprend qu'ils étaient tenus au partage avec leurs propriétaires. Il existe une inscription d'Ezone datant de 345 av. J.-C. qui parle d'un bail à ferme devant se transformer en colonage partiaire à l'arrivée de certaines conditions.

Les documents, bien rares en Grèce, le sont également à l'époque romaine. Les idées étroites des Romains sur le bail dont le prix doit toujours consister en argent[2] n'étaient pas de nature à développer le bail à portion de fruits.

1. Bouissou et Turlin, *Métayage*, p. 1.
2. Gaius, *Com.*, III-144.

Pendant longtemps d'ailleurs les Romains firent valoir eux-mêmes leurs terres en employant le travail des esclaves. Mais à la suite des grandes conquêtes de la République, ils se trouvèrent à la tête de domaines très étendus et très éloignés de Rome dont ils durent confier l'exploitation à des fermiers que les textes appellent *coloni*. Maintenant faut-il entendre le mot « *Colonus* » dans le sens de colon partiaire, de métayer; nous ne le croyons pas. Le colon romain est resté très longtemps un fermier payant une redevance fixe, car Pline le Jeune[1] qui vivait sous le règne de Trajan nous présente comme une innovation le paiement en nature et proportionnel à la récolte.

C'est au bas Empire que, sous l'influence de la misère croissante, le bail à portion de fruits a réellement fait son apparition. Beaucoup de propriétaires voulant intéresser les fermiers à la culture, leur accordèrent une part des produits; et une constitution des empereurs Valentinien et Valens prescrivit aux propriétaires d'accepter le paiement en portion de fruits. Dès lors le « colonus » devint colon partiaire, quant aux conditions du bail; mais la situation sociale resta la même :

« Il ne perd pas sa qualité d'homme libre, néanmoins il est « définitivement rivé au sol. Moyennant une part de fruits on « lui concède l'exploitation d'un domaine dont il fait partie « intégrante. Il ne pourra plus changer cette condition, et s'il « cherche à rompre ses liens, il sera ramené comme l'esclave « fugitif[2]. »

Il y a loin de cette situation à celle de nos métayers actuels.

1. *Lettres de Pline*, IV, 19.
2. Bouissou et Turlin, p. 3.

Bien que certains auteurs aient vu l'origine du métayage français dans les lois barbares, il est presque impossible de trouver mention de ce contrat dans le droit germanique.

A l'époque carolingienne plusieurs documents font allusion au contrat de colonat partiaire. C'est ainsi qu'un capitulaire de Charlemagne soumet à la dîme ceux qui cultivent à moitié les biens ecclésiastiques. *Qui tale beneficium habent et ad medietatem laborant; Medietarius* est le synonyme latin de moitoyer dont nous avons fait métayer. Une donation du chanoine Haganon à l'abbaye de Saint-Martin de Tours lui impose le maintien du métayage, et le polyptique de l'abbaye d'Irminon, ainsi que celui de Saint-Rémy de Reims, le mentionnent également : *Omnes isti qui ad medietatem laborant..*

A cette époque la situation du métayage garde fortement l'empreinte du colonat romain et fait pressentir le servage féodal. Attaché à la glèbe, le cultivateur ne discute pas les conditions de son contrat, et s'il obtient la moitié des produits, c'est le bon plaisir et l'intérêt du seigneur qui en sont la seule cause.

A partir du XIIIe siècle, il est bien difficile de suivre le colonage partiaire et de signaler soit son développement, soit son dépérissement. D'ailleurs il existe une certaine confusion dans les documents d'alors entre les mots métayer et fermier, qui sont employés indifféremment : « que l'on baille en argent ou en bled ou à moitié, nous les appelons tous métayer » (PASQUIER, *Recherches sur la France*, VIII, 46). Il est difficile de bien distinguer l'histoire du fermage de celle du métayage au moyen âge, et cela d'autant plus que la variété des tenures pouvant se ranger sous le nom de colonage partiaire est infinie à cette époque : le bail à cens, le bail à rente, le champart, le bail emphytéotique ne sont que des modalités du bail à portion de fruits.

Chaque province avait sa tenure spéciale. C'était la *Locaterie* en Bourbonnais, la *Closerie* dans l'Anjou, le *Gagnage* en Lorraine, le *Grangeage* dans la Bresse et le Dauphiné, et le *Bordelage* dans le Nivernais. La coutume du Nivernais, commentée par Guy Coquille, nous apprend que le bailleur avait droit à une rente dite « Bordelière » tant en argent qu'en nature ; celle-ci consistait « en blé et plumes, c'est-à-dire volailles, ou du moins l'un des deux » (*Coutumes du Nivernais*, n° 3).

Enfin le bail à champart donnait également au bailleur le droit de prélever une certaine quantité de gerbes, constituant le champart en outre de la rente qui était le plus souvent du tiers du revenu.

Tous ces baux perpétuels, imprégnés de l'idée de répartition, avaient pour résultat de maintenir les familles de cultivateurs sous la dépendance directe du propriétaire leur seigneur. La situation des tenanciers consistait en une demi-servitude :

Si le métayer n'était plus esclave, il était loin d'être homme libre ; le nom de serf qu'on lui donnait a une étymologie trop transparente pour que l'on puisse contester l'état misérable des paysans du moyen âge.

Les fermiers à rente fixe étaient au contraire parvenus à se créer une situation beaucoup plus avantageuse que celle des métayers. Grâce, en effet, aux baux à longue durée, les fermiers formaient une aristocratie de cultivateurs et parmi eux beaucoup devenaient petits propriétaires. Aussi quand les économistes du XVIIIe siècle comparèrent la situation faite au paysan par le métayage et le fermage, ils proclamèrent que seul un fermier pouvait réussir et que le métayage conduisait à la ruine et à la misère.

On peut constater dans les écrits de tous les économistes des XVIIe et XVIIIe siècles, dans les rapports et enquêtes faits à ce sujet, cette opinion unanime condamnant le métayage d'après ses résultats et la situation des métayers.

Turgot, dans son rapport, dépeint le métayer sous les plus tristes aspects : « Il cultive mal, dit-il; néglige d'employer les terres à leur production commerciale et s'occupe de préférence des cultures qui donnent le moins de peine, comme les châtaignes, les pommes de terre et le sarrazin. »

Ces reproches adressés au XVIIIe siècle au métayage étaient plutôt imputables à la pauvreté du pays et à la misère des temps qu'au régime de culture.

Turgot était dans le vrai quand il constatait la misère des paysans de son gouvernement, mais il attribuait à tort au métayage des résultats dus surtout à l'exagération et la mauvaise répartition des impôts. C'était en effet le métayer qui payait généralement la taille, un des impôts les plus onéreux de l'ancien régime.

Olivier de Serres avait pourtant recommandé aux propriétaires de ne mettre à la charge du colon que la moitié des « tailles, cens et autres charges » ce qui était conforme à la nature du contrat où tout est par moitié. Mais les nobles qui considéraient le paiement de l'impôt comme une déchéance, le rejetaient sur le tenancier. Tout autre était la situation du fermier qui, lui, pouvait déduire le montant de l'impôt du prix de son bail; sa situation était donc beaucoup moins précaire que celle du métayer qui n'avait aucun moyen d'échapper aux charges fiscales dont on l'accablait.

Quoi qu'il en soit, on constate depuis le XVIe siècle jusqu'à la Révolution un mouvement d'extension du métayage ; comment expliquer qu'un contrat aussi critiqué ait pu se maintenir et même se développer ? Le métayage est une forme de culture qui s'adaptait rationnellement à certaines régions, où la pauvreté des habitants et le morcellement des terres s'opposaient aux grandes cultures et par conséquent au fermage ; dans ces contrées le métayage devait se constituer facilement et se maintenir.

En outre, la situation économique générale de la France, très mauvaise à cette époque de fréquentes disettes, la pénurie du numéraire, la disparition du crédit, tout concourait à faire du métayage le seul mode de culture possible.

Le début de la Révolution, qui marque l'apogée du développement du métayage, est aussi le point de départ d'un mouvement inverse de décroissance qui s'est continué presque jusqu'à nos jours.

Le métayage a d'abord rencontré parmi les économistes du XIXe siècle des ennemis aussi accentués qu'au XVIIIe. J.-B. Say déclare que « ce genre de culture appartient à un état peu « avancé de l'agriculture et qu'il est plus défavorable aux « améliorations des terres ; car celui des deux, du propriétaire « ou du fermier, qui fait l'amélioration à ses frais, ne retire que « la moitié du fruit de sa dépense puisqu'il est obligé de partager le produit. »

Entrant dans cette voie, tous les économistes de la Révolution envisagèrent le métayage comme un mode de culture très critiquable, « l'opposant, dit Baudrillart, à un fermage hypothétique, tel qu'il doit être et non tel qu'il est » (BAUDRILLART, *Revue des Deux Mondes*, 1er semestre 1885).

Le bouleversement social causé par la Révolution vint encore hâter le mouvement préparé par les économistes. En effet, les fermiers enrichis devinrent de petits propriétaires et les métayers prirent la place des premiers. D'un autre côté les biens des nobles passsèrent entre les mains des bourgeois occupés au commerce et exerçant des professions libérales et à qui le métayage ne convenait pas du tout.

« Les nouveaux possesseurs, au lieu de voir comme leurs « devanciers dans la propriété une sorte de petit royaume « qu'ils se plaisaient à administrer, n'allaient plus la considérer « que comme une source de revenus et tout au plus une « occasion de villégiature et d'insouciant repos[1]. »

Dans de semblables conditions, le métayage ne pouvait progresser, aussi constate-t-on une décroissance continue depuis la Révolution. Il ne subsiste que dans des pays très pauvres, où, comme nous l'avons dit, il est le seul mode pratique. Il devient quantité négligeable, et cela explique que les législateurs de 1804 s'en soient si peu préoccupés..

Le Code civil en effet ne consacre au colonage partiaire que quelques articles disséminés dans le titre du louage : l'article 1763 interdisant la sous-location, l'article 1764 traitant de l'inexécution du bail, les articles 1827 et 1830 relatifs au cheptel livré au colon partiaire et voilà tout.

Le Code n'a pas ignoré le colonage partiaire, mais il ne l'a pas jugé digne d'une réglementation particulière, d'autant

1. TRUVEILHIER, *Du Métayage en Droit français*. Thèse, Paris, 1893.

mieux que les contestations au sujet de ce bail étaient d'ailleurs très rares en raison de la situation misérable des métayers.

Au bout d'un certain temps, une réaction se produisit, aussi bien dans l'esprit des économistes que dans la réalité des faits : on peut constater ce changement d'opinion chez un auteur, M. Baudrillart, qui, après s'être posé comme l'adversaire du métayage, constate en 1885 qu'il peut devenir en se perfectionnant le système de l'avenir.

Quelles circonstances ont provoqué ce revirement? Précisément la crise agricole qui sévit en France au moins depuis 1885 et qui a produit sur les principaux produits du sol une baisse évaluée à 25 %. Or, l'enquête ouverte par la Société des agriculteurs à cette époque a montré que les pays de métayage souffraient beaucoup moins de cette crise que les pays de fermage. Il est résulté de cette constatation un mouvement en faveur du métayage, mouvement que des motifs spéciaux d'ordre social ont favorisé : l'encombrement des positions libérales et le renchérissement de la vie ont déterminé nombre de personnes à vivre sur leurs terres, où elles trouvent une existence plus saine et plus économique.

Toujours est-il que le métayage a fait son apparition dans des contrées où il était inconnu jusqu'alors, qu'il a progressé dans les régions qu'il occupait déjà [1].

La conclusion de ce mouvement propice au métayage fut la présentation au Sénat, le 13 juillet 1876, par le Gouvernement, d'un projet de loi tendant à réglementer le colonage partiaire, projet dont l'exposé des motifs signalait la place occupée par le métayage dans l'agriculture de notre pays.

1. Enquêtes de 1879 et 1885.

Ce projet, qui faisait partie de l'ensemble de la réforme du Code rural remanié à différentes reprises, ne fut voté que le 5 juillet 1889 et promulgué le 18 juillet sous le titre de bail à Colonat partiaire[1].

On peut reprocher à la loi nouvelle d'abord le titre de Colonat qui rappelle le colonat romain dont le métayage moderne diffère très sensiblement, ensuite une rédaction qui laisse sur beaucoup de points planer une incertitude prêtant aux controverses.

Mais le métayage n'en a pas moins conquis en 1889 une place honorable qu'il mérite par les services qu'il rend à l'agriculture.

On ne peut, au point de vue économique et social, que se féliciter des progrès d'un contrat qui se présente comme une association libre du capital et du travail. De cette manière, le fermier acquiert ce qui lui manque, l'argent, et le propriétaire profite d'une expérience qu'il n'a pas. Les rapports de plus en plus fréquents tendent à devenir plus cordiaux, et cette communauté d'intérêts et d'efforts ne peut qu'être fort utile au bien-être général.

1. Renvoyé à une Commission qui déposa son rapport le 7 mai 1880. (Rapport Clément, *Journal Officiel*, 2 juin 1880); le projet fut adopté sans débat en première délibération le 31 mai, et en seconde délibération le 7 juin 1880, cette fois avec quelques modifications.

Présenté à la Chambre le 12 juillet 1830, puis le 11 mars 1882 et le 15 février 1886; le texte fut renvoyé au Sénat le 5 avril 1889.

Il fut adopté définitivement le 5 juillet et promulgué le 18 janvier 1889.

CHAPITRE PREMIER

DE LA NATURE DU CONTRAT DE COLONAT PARTIAIRE

Il a toujours existé une grande divergence d'opinions parmi les auteurs sur la question de la nature du Colonat partiaire.

Les jurisconsultes romains considéraient en général le bail à portion de fruits comme une société : *Partiarus colonus quasi societatis et damnum et lucrum domino partitur.* Cependant Gaius semble l'envisager comme un louage en faisant application, dans un cas particulier et exceptionnel, des règles de la société.

Dans l'ancien droit, même opposition. Tandis que Bartole et Cujas considèrent le Colonat partiaire comme une Société (*non est propria locatio sed Societas*), Guy Coquille lui reconnaît au contraire une grande affinité avec le louage, et plus tard Pothier le considère comme un louage véritable.

Dans le droit moderne et avant la loi de 1889, les mêmes opinions se retrouvent divisant les auteurs et la jurisprudence.

Aubry et Rau[1], Laurent, Mourlon, Baudry-Lacantinerie,

1. AUBRY et RAU, t. IV, § 371. LAURENT, t. XXV, § 447. MOURLON, III, 784. GUILLOUARD, II, 611 et suiv. BAUDRY-LACANTINERIE, III, 717.

Guillouard sont d'accord pour appliquer au Colonat partiaire les règles du louage.

Qu'est-ce que le louage en effet? L'article 1709 répond : « C'est un contrat par lequel une des parties s'oblige à faire « jouir l'autre d'une chose pendant un certain temps moyennant « un certain prix. » Or, nous avons ici un domaine dont la jouissance est donnée à un métayer pendant un certain temps moyennant un prix payable en nature. Les conditions essentielles du louage se retrouvent donc dans le colonat partiaire.

Telle est l'argumentation des partisans de cette opinion qui invoquent en plus, à l'appui de leur thèse, la place assignée par les législateurs du Code civil aux articles qui traitent du bail à portion de fruits, place qui fait présumer l'assimilation du bail à portion de fruits au bail ordinaire.

Le bail à colonat partiaire est considéré comme une société par Troplong[1], Méplain, Duranton ; selon ces auteurs, la définition de l'article 1832 s'applique parfaitement au contrat qui nous occupe. L'article 1832 dit en effet que « la société est un contrat par lequel deux ou plusieurs personnes conviennent de mettre quelque chose en commun, en vue d'en partager le bénéfice ». Or, le bailleur et le métayer mettent en commun, l'un sa terre, l'autre son travail en vue de partager les produits de la culture. De plus, le prix, élément essentiel du louage, n'existe pas dans le métayage ; il y a partage, il n'y a pas paiement d'un prix.

M. Latreille, dans un article sur le métayage, article paru en 1888[2], préconise une autre théorie : le colonat partiaire ne serait ni un louage ni une société, mais un louage d'ouvrage et le métayer devrait être considéré non pas comme un pre-

1. TROPLONG, I. 130 : II, 637. MEPLAIN, n° 34. DURANTON, t. 17, 176.
2. *Revue critique*, juin 1888.

neur à bail ou un associé, mais comme un salarié payé en nature.

La jurisprudence[1] s'est divisée comme nous l'avons dit sur la question. La Cour de cassation (30 mai 1888), les Cours d'appel de Riom (19 novembre 1884) et de Pau (5 avril 1884) se sont prononcées en faveur du louage. Le métayage a été reconnu comme une société par la Cour de Limoges à deux reprises différentes (26 juillet 1888, et 28 octobre 1889).

Quelle a été l'influence de la loi de 1889 sur cette controverse ? Il semble que le premier soin du législateur eût dû être de rétablir l'harmonie entre les auteurs et de fixer la jurisprudence en donnant au contrat une dénomination, un état civil bien nets. Or le législateur n'a point pris parti, et il ressort des travaux préparatoires et du choix des termes employés dans la rédaction, que c'est volontairement que le législateur s'est abstenu de qualifier le contrat de bail à portion de fruits. Le rapporteur à la Chambre, M. Million, expose en effet (Rapport Million, *Journal Officiel*, 27 juillet 1888) qu'on ne peut prétendre renfermer le contrat de colonage partiaire dans une définition rigoureuse. « Il est assez inutile, dit-il, de s'arrêter « à discuter cette pure question de doctrine de savoir si le « contrat de culture à part de fruits est un fermage ou une « société, car ceux-mêmes qui veulent voir un bail dans le « contrat de métayage, sont obligés de convenir que c'est un « bail d'une nature toute particulière auquel ne s'appliquent « pas toutes les règles du bail, mais d'autres dispositions dérivant de sa nature propre, et ceux qui pensent que c'est un « contrat de société, sont amenés à concéder que cette société

1. En faveur du louage : Aix, février 1822, 6 p. 22, 1, 96. Paris. 21 juin 1856, S. 56, 2, 560. Caen, 23 novembre 1862. S. 63, 1, 96. En faveur de la Société : Bordeaux. 28 juin 1854, S. 45, 2. 21. Grenoble, 20 mars 1863, S. 63, 2, 108.

« ne ressemble pas aux autres et doit être régie par des « prescriptions particulières. »

La rédaction de la loi atteste bien l'intention de ne pas s'engager dans une définition exacte. On rejeta le sous-titre proposé : *Société de culture à mi-fruits*, et en même temps on supprima le mot *louage* de la définition ainsi formulée par le projet : « Le bail à colonage partiaire est le louage d'un héri- « tage rural que le preneur s'engage à cultiver à condition « d'en partager les fruits avec le bailleur. »

Pour éviter toute équivoque, le rapporteur expliqua pourquoi les mots *bailleur* et *preneur*, qui auraient pu laisser supposer que l'on était en présence d'un bail, avaient été maintenus. « Nous avons employé les mots bailleur et preneur afin de nous « conformer à la terminologie de l'article 1763, parce que ces « termes ont leur application dans le métayage et ne pouvaient « être remplacés que par des périphrases qui auraient pu « obscurcir le texte de la loi. »

En face de l'abstention législative, les auteurs ont maintenu leurs opinions ; ils continuent à vouloir régir le colonat partiaire, du moins sur les points non réglementés par la loi nouvelle, soit selon les règles du louage, soit suivant celles de la société. Baudry-Lacantinerie va même plus loin : il affirme que la question est actuellement résolue. A propos de l'application en matière de preuves des articles 1715 et 1716 : « Cette solu- « tion, dit-il, était admise avant la loi du 18 juillet 1889 par « l'opinion qui considérait ce contrat comme un bail, et rejetée « par celle qui y voyait une société. Aujourd'hui le colonage est « regardé comme un bail, l'article 1715 est applicable[1]. » Nous n'avons rien vu dans la nouvelle loi qui autorise cette déclara-

1. BAUDRY-LACANTINERIE, *Traité du Contrat de louage*, t. I, p. 96.

tion : au contraire, ce qui ressort tant des travaux préparatoires que de la rédaction des articles, c'est que le législateur a envisagé le colonage comme un contrat *sui generis*. M. Clément, rapporteur au Sénat, s'exprima ainsi à ce sujet : « La loi que « nous vous présentons fait ressortir le caractère spécial de ce « contrat et la différence qui existe entre le bail ordinaire et « lui. Or, ce caractère spécial et cette différence tiennent à ce « que le colonage partiaire participe à la fois dans une mesure « plus ou moins grande du louage et de la société. »

Le Sénat repoussa même un amendement ainsi conçu : « Les « baux à colonage partiaire sont régis, pour les cas non prévus, « par les dispositions du Code relatives au louage et à la « société. »

Donc l'intention du législateur est clairement exprimée : En dehors des cas prévus par lui, où il renvoie aux règles de louage (art. 4, 7, 10 et 13) on doit s'en référer à la législation spéciale de la loi de 1889.

Mais la loi nouvelle ne prévoit pas toutes les hypothèses, ne règlemente pas tous les éléments du contrat. « On ne peut pré« tendre, a dit M. Million, enfermer le contrat de métayage « dans une législation rigoureuse. On ne peut que faire une « sorte de rédaction de coutumes sans se vanter qu'elle s'ap« plique à tous les cas. Le contrat a un caractère hybride, il « ne peut avoir une législation unique. » Oui, pour que le métayage rende tous ses services à l'agriculture, il lui faut une législation élastique, susceptible de se prêter à tous les usages : c'est un contrat où l'initiative des parties doit jouer un grand rôle et où le législateur ne doit intervenir que pour maintenir les conventions dans les limites de la légalité.

Dès lors la règle d'interprétation en cas de silence de la loi est tout indiquée.

C'est tout d'abord à la convention, souveraine maîtresse, qu'il faut se référer, si elle n'est pas contraire à l'ordre public et aux prohibitions de la loi (art. 1133 C. civ.) ; ensuite aux règles générales des obligations. Tel est le droit commun auquel la loi de 1889 renvoie implicitement, par cela même qu'elle écarte toute application des règles spéciales. C'est ainsi qu'en matière de preuve du contrat nous appliquerons non pas les articles 1715 et 1716, mais le droit commun.

Enfin, dans les cas où le droit commun lui-même est muet, ce sont les usages des lieux qui devront faire l'opinion du juge. L'article 13 de la loi nouvelle y renvoie expressément et les travaux préparatoires ne laissent aucun doute à cet égard.

Cependant il ne faut pas s'exagérer l'importance des usages locaux, et dans l'hypothèse d'un conflit entre un texte formel et l'usage, ce sera le texte qui devra être appliqué. Un amendement de M. Gavardie, visant la suprématie des usages, fut en effet repoussé (*Journal Officiel*, 28 juin 1889, p. 6222).

En résumé, le contrat de colonat partiaire est un contrat *sui generis* régi par une loi spéciale et pour le surplus par le droit commun des obligations et l'usage des lieux.

CHAPITRE II

ÉLÉMENTS DU CONTRAT DE COLONAT PARTIAIRE

§ 1. — Du Consentement.

Le bail à colonat partiaire est un contrat se formant par le seul accord de volontés des parties et pour lequel un écrit n'est nécessaire qu'au point de vue de la preuve.

Les vices, causes de nullité des contrats, produisent les mêmes résultats sur le contrat de colonat partiaire. Ce sont : le dol, la violence et l'erreur.

Quant aux deux premiers, on les rencontre rarement dans un contrat où la bonne intelligence des parties et leur loyauté sont essentielles, puisqu'elles unissent leurs efforts vers un but commun.

Quant à l'erreur, elle peut porter sur la nature du contrat, sur la personne ou sur la chose. Cette dernière suppose ce fait assez invraisemblable que l'une des parties avait en vue un domaine et l'autre un second. Elle se rencontrera rarement. L'erreur sur la nature du contrat se produira plus fréquemment : le propriétaire entendant faire un bail à moitié fruits et le colon croyant entrer comme fermier à prix d'argent. Dans ces deux cas le contrat est inexistant.

L'erreur sur la personne peut porter sur celle du bailleur ou celle du preneur. Le contrat est-il vicié dans les deux cas?

Il n'y a pas de doute, relativement à l'erreur sur la personne du colon. Le contrat de colonat partiaire est fait *intuitu personæ*, comme disaient les Romains, c'est-à-dire que le bailleur a pris en considération les qualités du cultivateur à qui il confie l'exploitation de son domaine. Mais quant à l'erreur sur la personne du bailleur il y a discussion. Certains auteurs estiment que le colon se préoccupe beaucoup plus de la terre qu'il loue que du propriétaire au regard duquel *l'intuitus personæ* est sans portée. Dans cette opinion on tire argument par analogie de l'article **1742** qui déclare que la mort des parties n'a aucune influence sur l'existence du contrat. C'est donc, dit-on, que la considération de la personne n'entre pas dans la formation du contrat. L'erreur sur la personne du bailleur n'a pas une importance capable de vicier le contrat. Remarquons en passant que ces partisans de l'assimilation du colonat partiaire au louage devraient, pour être logiques, déclarer que la mort du colon est, comme celle du bailleur, sans effet sur le bail. Ils ne vont pas jusque-là, par crainte des conséquences, au point de vue de la culture.

Au contraire, ceux qui considèrent le bail à colonat comme « société » appliquent par analogie l'article **1865** et déclarent que la mort du bailleur entraîne cessation du bail, parce qu'il importe beaucoup au métayage d'avoir affaire à tel propriétaire et non à tel autre.

La loi de **1889** n'a pas tranché la question, du moins d'une façon expresse. Mais en procédant par analogie, de l'article 6 de la loi nouvelle, qui admet la fin du contrat par la mort du colon, mais non par celle du bailleur, il ressort que le législateur de 1889 admet, comme les partisans de la première opinion, que la personne du bailleur n'entre pas en considération; l'erreur sur sa personne ne sera pas, par suite, cause de nullité.

§ 2. — Capacité requise.

La loi de 1889 n'ayant pas traité cette question, il faut consulter les règles de droit commun sur la capacité des personnes en matière d'obligations.

Au regard du bailleur, l'acte n'est qu'un acte d'administration, puisqu'il implique seulement l'abandon de la jouissance. Tous ceux qui n'ont que l'administration de leur patrimoine pourront donc consentir un tel bail, c'est-à-dire le mineur émancipé, la femme séparée de biens et l'individu pourvu d'un conseil judiciaire.

Mais l'article 1er de la loi de 1889 par les mots « possesseur d'un héritage rural » laisse entendre que le propriétaire n'est pas le seul qui puisse faire le bail à colonat partiaire. On accorde cette faculté à l'usufruitier, à l'usager, à l'envoyé en possession provisoire, au tuteur d'un mineur ou d'un interdit et en général à tous ceux qui possèdent légalement le bien d'autrui ou qui en ont l'administration.

Quand il s'agit du preneur, les auteurs ne sont pas d'accord. MM. Méplain et Rérolle considèrent l'obligation du preneur comme beaucoup plus grave que celle du bailleur. Il peut encourir des dommages-intérêts et il est grevé du privilège de l'article 2102. En conséquence, ils refusent au mineur émancipé, à la femme mariée séparée de biens, et en général à toutes personnes n'ayant que l'administration de leur patrimoine, le droit d'accéder à un semblable contrat.

Nous préférons l'opinion opposée. Il n'y a pas lieu de prendre plus de précautions pour le preneur que pour le bailleur, car celui-ci peut par des spéculations hasardeuses et une mauvaise direction donnée à l'exploitation, détériorer son domaine, c'est-à-dire amoindrir son capital. Les précautions qui n'ont pas été jugées nécessaires vis-à-vis du bailleur ne doivent l'être non plus au regard du preneur.

§ 3. — Objet et Cause.

L'objet du contrat de bail à colonat partiaire est, d'après l'article 1er de la loi de 1889, un héritage rural ; sa cause est la mise en culture de cet héritage.

Il en résulte qu'on ne peut louer à colonat partiaire les immeubles non soumis à la culture, maisons, manufactures. Un bail se rapportant à ces sortes d'immeubles, avec partage de produits, devrait être considéré comme société.

Un étang peut également être donné à bail à colonat partiaire. On a objecté que les étangs ne nécessitent aucun travail de la part du preneur, et que ce ne sont pas des héritages susceptibles de culture. Cependant, comme il y a toujours certains travaux d'entretien, qui incombent au preneur, et que, par ailleurs, les fruits, c'est-à-dire le poisson, peuvent être partagés, le bail doit être considéré comme valable. — Les usages pourront d'ailleurs être consultés à ce sujet.

Les usages locaux sont tous d'accord pour écarter les lois du bail à colonage.

§ 4. — Prix de la Prestation colonique.

Il n'y a pas de prix à proprement parler dans le bail à colonage partiaire. C'est même la principale objection à l'adresse des auteurs qui veulent assimiler ce contrat au louage. Le prix considéré au point de vue juridique est généralement une quantité fixe de monnaie livrée au verseur par l'acheteur avec transmission de propriété. Or, dans le bail à portion de fruits, aucune de ces qualités essentielles ne se rencontre.

D'abord la quantité livrée n'est pas fixe, puisqu'elle est proportionnelle à la récolte de l'année ; de plus, elle consiste en denrées et non en argent, et enfin, ce qui emporte tout, il n'y a pas transmission de propriété. En effet, le bailleur est seul propriétaire de la récolte tant qu'elle est sur pied, comme accessoire du fonds. Séparés du sol, les fruits deviennent la copropriété du bailleur et du colon et le bailleur ne fait que prendre ce qui lui appartient lorsqu'il perçoit une part dans ces fruits. On pourrait même prétendre que, à ne considérer que la transmission de propriété, c'est le bailleur qui paie le preneur en lui abandonnant une part de fruits à titre de rémunération ; ce raisonnement sert justement de base au système qui voit dans le colonat partiaire un louage d'ouvrage et traite le colon comme un ouvrier payé en nature et proportionnellement à la production[1].

Il n'y a donc pas paiement de prix. Ce qui en tient lieu, c'est le partage mentionné par l'article 2 de la loi de juillet 1889. En dehors de ce partage, le métayer doit, selon les usages les plus répandus, certaines redevances en volailles, œufs et

1. Latreille, *Étude sur le Métayage*.

charrois et une somme d'argent dite *prestation ou impôt colonique* variable selon l'importance du domaine.

De la Prestation colonique.

La question de l'impôt colonique a été très controversée et le principe a été aussi vivement attaqué que défendu.

Quelques auteurs y trouvent un souvenir des redevances féodales, tandis que d'autres, M. Tourdonnet, notamment, la considèrent comme une création moderne, un résultat de l'organisation actuelle de métayage.

Fondement de la Prestation colonique. — Un métayer n'apporte souvent que ses bras et ses outils en entrant dans la ferme ; le propriétaire doit fournir les instruments agricoles, les semences, le cheptel, en un mot tout le capital d'exploitation. Il en fournit la moitié pour son compte et fait l'avance de l'autre part au métayer. C'est la rente de ce capital avancé par le propriétaire que le métayer paie sous le nom de prestation colonique.

En outre, le métayer jouit sans partage non seulement des bâtiments et de la métairie, ce qui est très juste puisqu'il les utilise pour les intérêts du propriétaire, mais aussi des jardins et des clos adjacents dont les fruits, en grande partie, servent à son alimentation. Il recueille seul certains produits impartageables d'après les usages, comme dans le Limousin les châtaignes dont il fait sa nourriture, et en Bretagne les pommes de terre dont il engraisse ses porcs.

La prestation colonique dédommage donc le propriétaire de tous ces bénéfices que le métayer recueille sans travail. C'est une taxe qui sert à équilibrer la balance entre le travail du colon et les avantages qu'il retire de l'exploitation. Aussi pour être équitable, la prestation colonique doit-elle être proportionnée à ces avantages.

Il est évident qu'un métayer qui apporte la moitié du matériel d'exploitation et sa part du cheptel, devra être moins fortement imposé que celui qui n'apporte rien du tout.

« C'est en ceci, dit M. de Tourdonnet, dans son étude sur le « métayage, que le prélèvement annuel remplit réellement un « rôle de justice distributive en équilibrant les apports et les « droits, en rétablissant d'une manière tout à fait rationnelle « le niveau entre les métayers qui n'ont rien, ceux qui ont « quelque chose sans avoir assez, et ceux qui n'ont pas besoin « des avances du propriétaire. »

Supprimer la prestation colonique c'est détruire l'équilibre qui doit faire le fondement de toute association, l'égalité des apports.

Quotité de la prestation colonique. — Étant donné le fondement de la prestation colonique, son taux devrait être très élastique et varier d'après l'étendue, le rendement du domaine, les apports du métayer et mille autres circonstances de fait : aussi a-t-on justement reproché au prélèvement la fixité de quotité qu'il présente pour certaines régions. D'après M. de Tourdonnet la quotité moyenne serait de 8 à 10 francs par hectare, somme dans laquelle entreraient pour moitié les impôts et prestations. D'ailleurs, d'après l'enquête dernière de la Société d'Agriculture, le chiffre de la prestation tendrait à diminuer : à mesure que les propriétaires s'enrichissent ils deviennent moins exigeants. C'est une excellente chose, car la prestation n'est équitable que si elle est modérée. Il n'en a pas toujours été ainsi, et les abus commis à cet endroit par les propriétaires furent la cause de plaintes portées au Parlement sous la forme d'un amendement qui supprimait l'impôt colonique (Amendement de M. Foucher de Careil, *Journal Officiel*, 1er juin 1880, p. 5194). Cet amendement fut repoussé par la raison « que les parties doivent être « libres de débattre leurs intérêts et que ce serait porter « atteinte à la liberté des conventions que de proscrire des « clauses parfaitement licites en elles-mêmes » (Rapport Clément).

§ 5. — Durée du Contrat.

Au moyen âge le bail à colonage partiaire, comme tous les baux, était généralement perpétuel. Le bail à complant, le bail à champart et autres tenures du même genre avaient le plus souvent une durée illimitée. La loi du 18 décembre 1790 est venue abolir la perpétuité des baux (art. 1er).

Aussi les auteurs s'accordaient-ils à invoquer cet article 1er de la loi de 1790 pour déclarer prohibés les baux à colonat partiaire perpétuels. La loi du 18 juillet 1889 est venue confirmer cette décision en déclarant dans l'article 1er que les baux ne peuvent être contractés que « pour un certain temps », voulant dire par là que la législation de 1790 était toujours en vigueur.

Le bail à colonage partiaire n'a donc qu'une durée limitée, nul ne le conteste; mais où les opinions divergent c'est quand il s'agit de déterminer la durée qui convient le mieux à notre contrat. Le bail devra-t-il être de longue durée ou à courte échéance? Dans les limites très larges de la loi de 1790, c'est-à-dire jusqu'à 99 ans, la volonté des parties est entièrement libre.

La plupart des économistes préconisent dans le métayage comme en toute espèce de louage rural le bail à longue durée.

Aucun métayer, disent-ils, ne prendra son travail à cœur, ne cherchera réellement à améliorer le domaine qu'il cultive s'il n'est assuré par le bail de jouir du fruit de ses travaux.

« Il faut absolument, dit à ce propos M. de Tourdonnet, que « celui qui se destine au métayage et qui est résolu à remplir « fidèlement ses obligations sache positivement, avant d'entrer « en fonctions, qu'il est appelé à jouir pleinement de son « œuvre et qu'il en retirera honneur et profit s'il se conduit « bien, s'il se donne de la peine. »

Il est manifeste que la plupart des travaux d'amélioration d'un domaine et même d'entretien ne donnent leur complet rendement, qu'au bout d'un laps de temps quelquefois assez considérable.

Pour prendre un exemple, en Bretagne, la plantation d'une ferme en pommiers est chose capitale, puisque la vente des pommes, et la fabrication du cidre sont une des principales sources de revenus des cultivateurs bretons. Or le métayer dont le bail sera de courte durée évitera les dépenses et le travail de plantations dont il ne récoltera jamais les fruits, le pommier n'étant en plein rapport qu'au bout de trente ans environ.

Les partisans des baux de courte durée ne nient pas les inconvénients qui peuvent en résulter, pour le fermier comme pour le propriétaire (car celui-ci est également intéressé à l'amélioration de son domaine) ; mais pour eux, ces inconvénients sont atténués et presque compensés par l'avantage que les petits baux présentent au point de vue de l'autorité du maître dans la direction de l'exploitation. « Pouvant renvoyer « son métayer au bout d'une année, le maître, dont l'intérêt « est hostile au changement, est plus sûrement en mesure de « lui imposer sa volonté et de faire aussi triompher l'expé-

« rience et les progrès des méthodes sur « l'obstination de la « routine » (Bouissou et Turlin, p. 73).

Le rôle du métayer est trop grand dans l'association du métayage pour que le propriétaire confie l'exploitation du fonds, commun quant aux fruits, au premier venu. Le bail annuel lui donne le moyen de faire faire au métayer une sorte de noviciat pendant lequel il le verra à l'œuvre et le jugera.

Quoi qu'il en soit, alors même qu'en théorie la longue durée du bail à colonat serait un élément nécessaire à la bonne continuation de l'entreprise agricole, qu'il serait de l'intérêt du propriétaire de s'attacher son métayer par la promesse de ne pas le congédier pendant plusieurs années et pour le métayer de pouvoir bénéficier des fruits de son travail, il faut bien convenir alors que dans la pratique les choses ne se passent pas ainsi.

En effet, les vrais pays de métayage, comme le Bourbonnais et le Limousin, pratiquent à peu près généralement le bail annuel. A la fin de chaque année de culture le propriétaire peut renvoyer ses métayers s'il en est mécontent et ceux-ci peuvent se retirer s'ils trouvent une exploitation plus avantageuse. Ces baux n'acquièrent une durée plus considérable, trois, six ou neuf ans, que dans les pays, comme dans la Bretagne, où le métayage est copié sur le fermage.

D'ailleurs l'intérêt des deux parties est tellement favorable à la prolongation des baux que dans la plupart des pays de métayage, les métayers restent en possession sans renouvellement formel, par l'effet de la tacite reconduction ; cet effet équivaut à un bail de longue durée. Il en est ainsi dans le Limousin et le Bourbonnais, où des familles, des générations de cultivateurs se sont succédé dans une métairie. Ceci nous amène à parler des baux non écrits.

Durée des baux non écrits.

Avant la loi de 1889 on n'était pas d'accord sur la durée des baux non écrits.

Pour les uns, chacune des parties pouvait donner congé à toute époque en prévenant un certain temps à l'avance. Cette théorie procédait de la règle suivie en matière de société.

Ceux qui, au contraire, voyaient dans le colonat partiaire un louage, considéraient le bail fait pour le temps qui est nécessaire au preneur pour recueillir tous les fruits de l'héritage concédé (art. 1774), autrement dit, pour une période d'assolement.

La difficulté d'application de ce système était dans la liberté qu'ont les parties de modifier l'assolement quand elles le jugent à propos.

Le projet présenté au Sénat adoptait ce dernier système, et mesurait la durée du bail à celle de l'assolement. Mais le rapporteur à la Chambre obtint la radiation de cet article, en constatant que l'utilité de l'article 1774 était déjà contestable en matière de bail à ferme (*Journal Officiel,* 27 juillet 1888. — *Annexes*, p. 762). Le progrès de la science agricole, l'introduction des engrais chimiques ont détruit l'antique et immuable rotation des cultures. Le rapporteur au Sénat ajoutait que le métayage étant une libre association entre le capital et le travail, le bailleur et le preneur ne pouvaient être contraints de rester liés l'un à l'autre au détriment de leurs intérêts communs.

Dès lors le bail à colonat partiaire sans écrit finit donc par un congé survenant de l'une ou l'autre partie.

§ 6. — De la Preuve du Contrat.

Les parties ont intérêt à constater par écrit l'existence du contrat intervenu entre elles, au point de vue de la preuve de son existence ou de ses conditions. Puis il y a lieu de tenir compte de l'article 1743 du Code civil qui n'oblige l'acquéreur, en cas de la vente de la métairie, à respecter le bail, que s'il est consigné dans un écrit ayant date certaine.

A ce propos, qui doit acquitter les frais du contrat ?

Les partisans du louage les mettaient à la charge du preneur d'après l'article 1728. Les partisans de la société, au contraire, répartissaient cette charge entre les parties.

Sous l'empire de la loi de 1889, c'est l'usage local qui doit décider cette question, la loi ne l'ayant pas tranchée. Ajoutons que la majorité des usages impose le coût du contrat au preneur.

Baux verbaux.

Quand un bail à métairie n'a pas été constaté par écrit et qu'une des parties conteste l'une ou plusieurs de ses conditions, comment devra se faire la preuve du contrat ? Ce point est un de ceux sur lesquels a surtout porté la controverse relative à la nature du colonage partiaire.

Les auteurs qui considéraient le colonat comme un louage, appliquaient, nous l'avons vu, les articles 1715 et 1716 qui écartent d'une manière absolue la preuve testimoniale et n'autorisent que le serment déféré à la partie qui nie la convention. Au contraire, les auteurs qui voyaient dans le colonage une société, appliquaient l'article 1834 du Code civil qui consacre le droit commun en matière de preuve.

Sous l'empire de la loi de 1889 que faut-il décider ? La loi nouvelle n'a pas tranché la question. Son silence a été interprété de deux manières. Pour les uns, il ne peut avoir pour effet d'abroger les dispositions du Code civil commun et par leur nature au bail à ferme et au bail à métairie ; il faut donc continuer à appliquer les articles 1715 et 1716. Pour les autres, et telle est notre opinion, le silence de la loi commande le renvoi au droit commun ; il y a lieu de remarquer que c'est également l'avis de M. Guillouard, qui considère cependant le colonat comme un louage. Dès lors que le législateur a su, quand il l'a voulu, renvoyer aux articles du bail à ferme ou du bail en général, et puisqu'il n'a indiqué ici aucun renvoi à la théorie spéciale de la preuve en matière de bail, le droit commun s'impose : cette solution ressort des travaux préparatoires, notamment, des rapports présentés tant à la Chambre qu'au Sénat.

Voilà les principes. Considérons leur application dans les divers cas qui peuvent se présenter :

1° *L'existence même du bail est contestée.*

Le demandeur pourra prouver l'existence du contrat par témoins au-dessous de 150 francs (art. 1341 C. civ.) et quelle que soit la valeur s'il y a commencement de preuve par écrit.

Comment appréciera-t-on la valeur de l'objet du contrat? On argumente généralement, par analogie, de l'article 3 de la loi de 1838 sur la compétence des juges de paix, c'est-à-dire que l'on établit le revenu de la métairie d'après le principal de la contribution foncière de l'année courante multipliée par 5.

Au cas où la preuve testimoniale est inadmissible, le demandeur peut soit déférer le serment (art. 1358), soit réclamer l'interrogatoire sur faits et articles (art. 324 C. procédure).

2° *Le montant du prix est contesté.*

Dans le colonat, le prix est remplacé par la part de fruits attribuée au bailleur.

Il y aura rarement contestation sur la quotité de partage, car la loi de 1889, article 2, déclare que le partage se fait par moitié s'il n'y a pas stipulation contraire. Mais il peut y avoir difficulté à propos de redevances accessoires. Dans tous les cas, on a recours à l'article 1342, qui s'applique également au cas de contestation sur la durée du contrat.

3° *Contestations sur le règlement de compte.*

La loi de 1889 s'est occupée spécialement de ce point. L'article 11 permet au juge de statuer sur la vue des registres des parties et de recourir à la preuve par témoins.

CHAPITRE III

DROITS ET OBLIGATIONS DU BAILLEUR

A) **Droits du Bailleur.**

§ 1. — Direction.

Dans le bail à ferme, le propriétaire abandonne complètement la jouissance des biens au fermier ; il n'a pas qualité pour s'immiscer dans l'exploitation. Il n'y a pas d'ailleurs un intérêt immédiat puisque, quelle que soit la récolte, le prix du fermage reste le même.

Dans le bail à colonat partiaire, au contraire, le bailleur surveille l'exploitation de son domaine, il y est intéressé parce que la plus-value est un bénéfice pour lui qui partage les fruits avec le métayer.

Ce droit de direction existait bien avant la loi de 1889. Issu de l'époque féodale, où les métayers étaient soumis à la domination omnipotente des propriétaires, non seulement pour la culture, mais à tous les points de vue, le droit de direction s'est continué à travers les âges en s'élargissant, le métayer sortant de la position servile qu'il avait au moyen âge pour devenir un véritable entrepreneur de culture.

La loi de 1889 s'est contentée de poser le principe : l'article 5 déclare : « Le bailleur a la surveillance des travaux et la direc-« tion générale de l'exploitation, soit pour le mode de culture, « soit pour la vente des bestiaux. » Le législateur a parfaitement compris que la réglementation d'un droit qui peut être compris si diversement selon les contrées n'était pas possible. Aussi l'article 5 ajoute-t-il : « L'exercice de ce droit est « déterminé quant à son étendue par la convention, et à défaut, « par l'usage des lieux. » Les parties sont donc libres de débattre l'étendue du droit de direction, dont la source réside non dans la qualité de propriétaire comme au moyen âge, mais dans la convention même.

On justifie aisément ce droit de direction. C'est un droit à la fois juste, rationnel et utile : juste, car le propriétaire qui concède la jouissance de son domaine à un métayer pourrait très bien en garder pour lui une partie ; rationnel, parce que dans l'association du preneur et du bailleur, du capital et du travail, de l'intelligence et de la main d'œuvre, le bailleur plus intelligent et plus instruit doit diriger.

Dans le métayage « le propriétaire est la tête, le métayer est le bras. » Et si le bras voulait conduire la tête ou se passer de son concours, le progrès serait impossible. D'ailleurs, le métayer ne peut prétendre à l'autorité, comme le dit M. de Tourdonnet, « sur une terre dont il ne recueille les produits que dans la mesure de son travail et dans les limites de son bail. » L'autorité revient naturellement au possesseur du fonds qui a fourni le capital et le plus souvent le matériel d'exploitation. Le métayer ne serait rien sans le propriétaire, il est tout naturel qu'il subisse sa direction.

Enfin, la direction est utile pour éviter les détournements et les abus de jouissance dont un métayer indélicat pourrait se rendre coupable.

Mais le droit de direction doit être maintenu dans certaines limites pour rester juste. Le métayer n'est pas en effet un journalier fournissant un certain travail sans s'inquiéter du résultat, il s'est obligé à cultiver la métairie, et pour l'exécution de cette obligation il a besoin d'avoir une certaine liberté d'action ; il ne faut pas oublier que le bailleur doit procurer la libre jouissance au preneur dans le bail à métairie, comme dans le bail à ferme.

Que dit d'ailleurs la loi de 1889 : « Le propriétaire *dirige l'exploitation* », c'est-à-dire qu'il en trace la marche générale et indique les travaux à faire, mais il surveille seulement leur exécution, dont le métayer est responsable et pour laquelle il conserve toute liberté (art. 5).

La direction du propriétaire est donc une direction d'ensemble ; les détails sont du ressort du métayer. M. Gasparin dit à ce sujet : « Les directions des propriétaires ne peuvent « être que fort générales. Elles ne pourraient être détaillées et « de chaque moment sans de grands inconvénients. » Cela est évident : le propriétaire n'a pas le plus souvent la pratique du métayer, et il risque fort de commettre des erreurs dans les travaux journaliers de la culture. Puis, le métayer à qui on ne laisse aucune initiative se désintéressera complètement de l'exploitation, ce qui ne peut avoir que de fâcheux résultats.

C'est justement un des avantages du contrat que nous étudions, de mettre en valeur les aptitudes particulières et respectives de chacun des associés ; l'un a la force physique et l'expérience, l'autre possède généralement une instruction théorique supérieure, et en tous cas un esprit plus ouvert à l'initiative et au progrès. Il est donc nécessaire de faire la part aux aptitudes : au métayer, la culture journalière ; au propriétaire, la conduite générale de l'exploitation et l'initiative dans les innovations.

Toutefois le propriétaire doit encore savoir se modérer dans les innovations. Il a le droit évidemment d'en imposer et il est même de son devoir de lutter contre la routine du métayer. Mais il doit le faire à ses risques et périls, car le colon n'a pas les moyens de tenter des expériences quelquefois très coûteuses. Comme l'a remarqué Méplain, les chances incertaines de l'innovation sont plus onéreuses au métayer qu'au propriétaire : « l'un ne souffre que dans le superflu de son aisance, « l'autre souffre dans le nécessaire de sa pauvreté et l'intérêt « n'est pas non plus le même pour lui que pour le proprié- « taire. »

Aussi en général les métayers sont réfractaires à toute innovation. C'est surtout compréhensible, lorsque le bail est de courte durée, annuel par exemple. Dans ce cas le colon ne peut espérer jouir des bénéfices d'innovations qui ne donneront des résultats appréciables qu'au bout de plusieurs années. Le propriétaire ne peut exiger du métayer un travail supplémentaire dont il bénéficierait seul.

Le seul devoir du colon est d'assurer le rendement ordinaire de la terre, c'est d'ailleurs son intérêt puisqu'il n'a part qu'aux fruits et ne profite pas de la plus-value donnée au capital.

Le propriétaire devra donc faire les essais à ses frais ou intéresser le métayer aux résultats, soit en lui assurant une rémunération immédiate pour le supplément de travail, soit en lui garantissant une jouissance assez longue pour qu'il puisse recueillir le fruit de son travail.

La meilleure combinaison pour le propriétaire est de se réserver une certaine quantité de terrain où il fera ses expériences.

« Dans la plupart des propriétés soumises au métayage, dit « M. de Tourdonnet, il y a autour de la maison d'habitation un « domaine particulier, dit domaine à la main ou *réserve*, que « le propriétaire détient sous son autorité immédiate et cultive « à ses frais. C'est dans ces réserves que doivent être mises en « œuvre toutes les idées du progrès qui germent dans l'imagi- « nation du propriétaire et que doivent être tentées toutes les « améliorations avant d'être appliquées sur le domaine. » De cette manière, le propriétaire fait son éducation professionnelle à peu de frais et évite des entreprises qui, sur une étendue plus considérable, pourraient devenir ruineuses.

Voyons quelques applications des principes que nous venons de poser.

1° *Le choix des instruments agricoles* est chose importante dans une exploitation. Le métayer doit évidemment être muni des instruments habituels de la culture tels que charrues, herses, etc. Mais s'il s'agit d'instruments perfectionnés et peu connus, le propriétaire pourra-t-il en imposer l'achat au colon? Nous ne le croyons pas, à moins qu'il n'en fasse lui-même la dépense : car dans ce cas l'avantage que le métayer retire de l'emploi des nouvelles machines compense le surcroît de dépenses que lui nécessitera leur entretien.

2° *L'utilisation des engrais* est une des conditions de la bonne culture : il est nécessaire que le propriétaire se tienne au courant des progrès réalisés par la chimie de ce côté depuis quelques années. A ce prix seulement il donnera à la terre son maximum de rendement et pourra lutter contre la concurrence étrangère. Mais entendons-nous bien : si le propriétaire peut et a intérêt à essayer les engrais nouveaux, le métayer ne doit pas être obligé de participer à leur achat; on ne peut en effet lui imposer une dépense peut-être inutile, car les engrais ne donnent pas toujours les résultats attendus et peuvent même compromettre la récolte.

La meilleure méthode est celle qui consiste à employer les nouveaux engrais dans la réserve du propriétaire avant de les faire appliquer par le métayer sur toute l'étendue du domaine.

§ 2. — Autres Droits du Propriétaire.

Le bailleur a, en plus du droit de direction, d'autres droits correspondants aux obligations dont nous verrons que le métayer est tenu :

1° Droit d'exiger que le métayer habite la métairie, n'abandonne pas la culture, ne sous-loue pas et cultive en bon père de famille;

2° Droit de recevoir sa part de récolte;

3° Droit enfin de percevoir l'impôt ou prestation colonique, et d'exiger les charrois et autres redevances prévues par le bail.

Quelle est la sanction de ces droits ? Quels moyens possède le propriétaire pour obtenir l'exécution du bail ?

Il faut distinguer les obligations de faire et celles de payer. Pour les premières, le propriétaire n'a guère de chances de rendre travailleur un métayer paresseux, et ne peut espérer obtenir par la force l'accomplissement des travaux nécessaires à la culture ou qu'il a ordonnés en vertu de son droit de direction. Il n'y a qu'une mesure efficace, le renvoi du métayer négligent, la résiliation du bail. C'est un des avantages invoqués pour justifier les baux annuels. Le métayer sûr de rester, quoi qu'il fasse et si peu qu'il fasse, ne craindra pas d'éluder les ordres du propriétaire et même d'éviter l'accomplissement de certaines charges prévues par le bail.

Quant à l'obligation de payer, à la charge du métayer, elle est garantie par un privilège dont il faut dire quelques mots.

§ 3. — Privilège du Bailleur a Colonat partiaire.

Avant la loi de 1889, on agitait la question de savoir si le privilège de l'article 2102, 1° s'appliquait au bailleur à colonat partiaire. Les auteurs qui voyaient dans le colonat partiaire une société écartaient l'application de l'article 2102, qui garantit, disaient-ils, le paiement des fermages et non un partage de fruits; pas de privilège sans texte.

Mais la majorité s'était prononcée pour l'affirmative, invoquant l'ancien droit, l'expression de *bailleur* dont le Code s'était servi pour désigner le propriétaire à moitié fruits.

La loi de 1889, bien qu'écartant toute assimilation au louage, a maintenu par l'article 10 le privilège du bailleur de l'article 2102.

Objet du privilège. — Ce privilège porte : 1° sur le prix de tous les meubles et effets appartenant au preneur et qui garnissent la métairie ; 2° sur le prix des bestiaux qui appartiennent en propre au colon ; ce qui se trouvera rarement, le cheptel étant généralement fourni de moitié par le bailleur et le colon ; 3° sur le prix de la part du colon dans les récoltes. Il faut appliquer ici la distinction admise par la majorité des auteurs sous l'article 2102, à savoir que le privilège atteint les fruits de la récolte de l'année même quand ils sont encore en gerbes ou en meules, tandis que ceux des autres années ne sont atteints que comme meubles garnissant la ferme, c'est-à-dire quand ils sont engrangés; 4° sur les indemnités dues au colon par les compagnies d'assurances. La loi du 19 février 1889 attribue en effet aux créanciers privilégiés et hypothécaires les indemnités dues par suite d'assurances contre l'incendie, la grêle, la mortalité des bestiaux et autres risques (art. 2). L'article 3 étend la disposition au cas de sinistre, par le locataire ou le voisin. Ces textes ont pour but de donner droit à l'indemnité aux tiers lésés par le sinistre ; c'est ainsi que le bailleur pourra exercer son privilège sur l'indemnité due au colon.

Créances garanties par le privilège. — Le privilège du bailleur, dit l'article 2102, garantit :

1° Le payement des loyers et fermages. Dans le colonat partiaire le paiement du fermage est remplacé par la livraison par le colon au propriétaire de sa part dans les récoltes. Il faut supposer que le métayer a vendu la part du bailleur, le privilège en garantit alors le prix ;

2° L'exécution de l'obligation imposée au preneur de faire les réparations locatives ;

3° L'exécution de toutes les autres obligations résultant du bail, ainsi que le remboursement des avances faites au métayer, soit en exécution d'une clause du bail, soit même en dehors du bail, pourvu qu'elles aient eu pour but d'en faciliter l'exécution ;

4° Le paiement de la prestation colonique ;

5° Enfin, le privilège garantit le paiement du reliquat de compte dû par le colon (Loi du 18 juillet 1889, art. 10).

On s'est demandé si la restriction apportée par la loi du 19 février 1889 au privilège du bailleur était applicable dans le contrat de colonat partiaire. L'article 1er de cette loi dit : « *Le privilège accordé au bailleur de fonds rural par l'article 2102 ne peut être exercé, même quand le bail a acquis date certaine, que pour les fermages des deux dernières années échues, de l'année courante et d'une année à partir de l'expiration de l'année courante.*

Pour nous la restriction ne doit pas être appliquée au bailleur à colonat partiaire.

En effet, en premier lieu, la loi du 18 juillet, postérieure à celle du 19 février, ne reproduit pas la restriction et ne renvoie pas à la loi précédente antérieure.

De plus, l'article 1er de la loi du 19 février vise les fermages et il n'y a pas de fermage dans notre contrat. Le paiement du reliquat de compte dont parle l'article 10 de la loi du 18 juillet rentre dans les obligations et indemnités résultant du bail, pour lesquelles la garantie reste entière.

Quoi qu'il en soit, la garantie qui résulte pour le bailleur à colonat partiaire du privilège de l'article 2102 n'est pas considérable. Le colon ne possède souvent pas grand'chose, le cheptel étant généralement fourni par le bailleur et la récolte étant consommée avant que le métayer quitte la ferme. Dans ces conditions le propriétaire n'aura qu'un recours bien illusoire ; aussi devra-t-il être prudent dans les avances qu'il fera au métayer et en surveiller l'emploi.

B) **Obligations du bailleur.**

§ 1. — Délivrance de la Chose louée.

Le bailleur à colonat partiaire partage cette obligation avec le bailleur à ferme : elle est du reste de l'essence de tout louage (Loi du 18 juillet 1889, art. 3). Il doit délivrer l'immeuble en état d'être cultivé, de répondre à l'usage auquel il est destiné, et cela en dehors de toute clause du bail.

La chose doit être délivrée en temps voulu. Le preneur dont l'entrée en jouissance serait retardée pourrait demander la résiliation du bail, ou des dommages-intérêts, à moins qu'il n'y eût cas de force majeure.

L'immeuble doit être délivré tel qu'il a été envisagé dans le bail, et quand il s'agit d'une métairie déjà en culture, « tel qu'il se limite, poursuit et comporte », disent ordinairement les baux.

Quand il s'agit d'un bail à ferme, on accorde au preneur dans certains textes (art. 1617-1623) le droit de demander une diminution de prix (art. 1766), mais en matière de métayage, il ne peut y avoir lieu à diminution de prix, puisque le prix n'existe pas. Mais on peut admettre, que si la contenance réelle est moindre que celle prévue au bail, le preneur a droit à une indemnité, qui se résoudra par une augmentation temporaire dans sa part des récoltes, ou une somme fixe donnée par le bailleur.

La chose doit enfin être délivrée avec tous ses accessoires, c'est-à-dire le cheptel que le bailleur fournit en tout ou en partie, selon les clauses du bail ; les pailles, fourrages, engrais et les instruments agricoles qui sont immeubles par destination, pressoirs, cuves, etc. La convention est encore souveraine en cette matière.

Dans le bail à ferme, le bailleur doit la délivrance de la chose en bon état de réparations de toute espèce (art. 1720). En est-il de même dans le bail à colonat partiaire ? Non, à notre avis, parce que la loi de 1889 ne renvoie pas à l'article 1720 C. civ., le seul qui édicte l'obligation pour le bailleur de livrer en bon état. L'article 4 de la loi nouvelle renvoie seulement aux articles 1730 et 1731 C. civ.; s'il a été fait un état des lieux le preneur doit rendre la chose telle qu'il l'a reçue suivant cet état (art. 1730); s'il n'en a pas été fait, le preneur est présumé avoir reçu la chose en bon état de réparations locatives (art. 1731). Le preneur pourra seulement exiger la rédaction d'un état des lieux, qui lui permettra d'écarter la présomption de l'article 1731 et de limiter ses obligations à la sortie.

Qui doit payer les frais de cet acte? Pour les uns, ce sera le métayer, parce que c'est un accessoire du bail et qu'il y a intérêt. Pour les autres, les frais doivent être supportés par moitié. Cette solution nous paraît plus rationnelle, le propriétaire étant intéressé, comme le métayer, à l'état des lieux pour éviter les discussions.

§ 2. — Obligation d'entretien des Batiments.

L'article 3 de la loi de 1889 qui oblige le bailleur « à faire les réparations qui peuvent devenir nécessaires » n'est que la répétition de l'article 1719 qui parle de l'obligation « d'entretenir la chose louée en état de servir à l'usage auquel elle est destinée. Le propriétaire ne supporte dans le colonat partiaire, comme dans le bail à ferme, que les grosses réparations, les réparations locatives ou d'entretien étant à la charge du preneur.

Sanction des obligations de délivrance et d'entretien.

En cas de retard dans la délivrance, le preneur peut exiger la délivrance, *manu militari*, ou demander la résiliation. Il a droit, en outre, à des dommages-intérêts. L'article 1146 C. civ.

dit qu'il ne sont dus que lorsque le débiteur, c'est-à-dire le bailleur, est en demeure de remplir son obligation. Mais la majorité des auteurs interprétant l'article dans un sens large, considère le bailleur en demeure dès qu'il y a retard dans la délivrance et le déclare passible de plein droit des dommages-intérêts.

Il paraît tout naturel d'appliquer les mêmes sanctions à l'inexécution de l'obligation d'entretien puisque les deux obligations prennent naissance dans le même texte.

Le bailleur doit donc être réputé en demeure et tenu de réparer le dommage causé par le défaut de réparations, même lorsqu'il n'a pas reçu commandement de les faire (Bouissou et Turlin, p. 132).

Cependant on cite un arrêt de la Cour de cassation du 11 janvier 1892, qui déclare que les dommages-intérêts ne sont dus qu'autant que le bailleur a été mis en demeure et qu'il est tenu de réparer seulement le dommage postérieur à la sommation.

On justifie cette jurisprudence en disant que le bailleur, qui réside quelquefois très loin de la métairie, ne peut connaître la nécessité de réparations que si le preneur l'en avertit.

§ 3. — Obligation de faire jouir paisiblement le Preneur.

Cette obligation consiste pour le bailleur : 1° à éviter tout fait personnel pouvant entraver la jouissance du preneur ; 2° à garantir le preneur contre les vues de la chose ; 3° à le garantir contre les troubles provenant des tiers. La loi de 1889 est muette sur ce point, mais la garantie est la conséquence de l'obligation de délivrance, elle doit être admise dans tous les baux.

I. *Le bailleur doit s'abstenir de tout fait personnel qui pourrait entraver la jouissance du colon.* Cela va de soi : le bailleur qui est obligé de faire jouir le preneur, doit commencer par éviter lui-même tout ce qui pourrait troubler la jouissance.

Pour le bail à ferme, il y a deux conséquences de ce principe écrites dans les articles **1723** et **1724** :

1° L'article **1723** porte que le bailleur ne peut, pendant la durée du bail, changer la forme de la chose louée ; cette prohibition est-elle applicable au colonat partiaire ? Il ne faut pas oublier que le bailleur a un droit de direction qui serait singulièrement amoindri si l'on appliquait l'article **1723** dans toute sa rigueur. Le propriétaire ayant la direction générale de la culture, doit pouvoir modifier et transformer l'état du domaine. Toutefois nous croyons que le métayer pourrait s'opposer à des transformations de nature à nuire à la jouissance, si par exemple le bailleur voulait faire d'un champ un jardin de plaisance. En tous cas il aurait droit à une indemnité. De même, si le propriétaire veut remplacer des céréales qui rapportent chaque année, par des vignes qui ne seront en plein rapport qu'au bout de quelques années, le métayer devra être indemnisé du défaut de récolte.

En résumé, il faut concilier dans le métayage le droit de direction du propriétaire avec son obligation de faire jouir le métayer.

2° L'article **1724** a trait aux réparations urgentes que le propriétaire est obligé de faire exécuter pendant le cours du bail.

Après avoir déclaré que le preneur doit souffrir ces réparations, quelque incommodité qu'elles lui causent, notre article ajoute : « Mais si ces réparations durent plus de 40 jours, le prix « du bail sera diminué à proportion du temps et de la partie « de la chose louée dont il aura été privé. Si les réparations

« sont de telle nature qu'elles rendent inhabitable ce qui est « nécessaire au logement du preneur et de sa famille, celui-ci « pourra faire résilier le bail. »

Cet article doit évidemment être appliqué au bail à colonat partiaire. Mais comme il ne peut y avoir lieu à diminution du prix du bail, le preneur aura simplement droit à une indemnité dont la quotité sera à débattre.

Ajoutons que le plus souvent il y a une clause dans les baux par laquelle le preneur renonce à toute indemnité, quant aux réparations, dussent-elles durer plus de 40 jours.

II. *Le bailleur doit garantir les vices de la chose louée.*

Par application de l'article **1721** C. civ., qui est de la nature de tout contrat à titre onéreux et doit être appliqué au bail à colonat partiaire, « le bailleur doit garantir le preneur pour tous les vices et défauts de la chose louée qui en empêchent l'usage, quand même le bailleur ne les aurait pas connus lors du bail ». Cet article trouvera application, s'il y a des vices de construction, dans les bâtiments, si certains animaux compris dans le cheptel sont atteints de vices rédhibitoires, etc.

Les parties peuvent insérer dans le bail des clauses restreignant l'obligation de garantie du bailleur. Mais ces clauses devront être claires et précises, et le doute s'interpréterait en faveur du bailleur.

III. *Le bailleur doit garantir le preneur contre les troubles provenant des tiers.*

Il ne s'agit pas ici de troubles de fait : le preneur seul doit faire réprimer ces troubles, qui sont le plus souvent des actes de malveillance dirigés contre sa personne.

Le bailleur n'intervient que si le tiers prétend avoir un droit sur l'immeuble.

Si, par exemple, un tiers prétend avoir un droit de puisage au puits de la métairie ou une servitude de passage qui entravent la jouissance du métayer, celui-ci doit mettre en cause le propriétaire. Il peut procéder de deux façons : soit intenter lui-même l'action et appeler le bailleur en garantie, soit se faire mettre immédiatement hors de cause et laisser au bailleur seul la charge de défendre son droit. C'est ce qui ressort de l'article 1727.

§ 4. — De la Participation du Bailleur aux charges de l'Exploitation.

I. — Le bailleur peut-il être tenu de contribuer aux dépenses faites par le métayer pour l'exploitation ?

Il faut distinguer plusieurs cas :

1° *Frais de culture.* — Le bailleur qui a droit à la moitié des produits doit-il participer également aux frais de culture ? Les auteurs qui voient dans le métayage une société sont tentés de répondre affirmativement, car ils considèrent les dépenses d'exploitation comme une charge sociale. Mais on peut répondre que le métayer s'est engagé à cultiver le domaine, et par conséquent à supporter les charges de la culture. Si le métayer juge nécessaire d'avoir des ouvriers, d'acheter des instruments agricoles, le propriétaire ne peut être tenu de participer à ces dépenses qui rentrent dans les charges ordinaires de l'exploitation, prévues par le bail et dont le métayer a assumé la responsabilité.

Le propriétaire ne pourrait être obligé de participer, que dans le cas de dépenses extrordinaires ordonnées par lui, pour un travail sortant du cours habituel de l'exploitation.

2° *Achat de fournitures.* — Il faut d'abord mettre à part la question du bétail qui est généralement réglée par le bail. Le cheptel peut en effet être fourni de moitié, et dans ce cas le bailleur participe à l'achat, ou bien être fourni, pour la totalité, par le preneur.

Quant aux pailles, fourrages, etc., il faut supposer dés hypothèses particulières pour prévoir l'achat, car généralement les fourrages existent sur le domaine.

1re Hypothèse. — Les pailles et fourrages ont été détruits par cas fortuit, incendie, inondation, etc.

La loi de 1889 a envisagé ce cas dans l'article 9, qui s'exprime ainsi : « Si dans le cours de la jouissance du colon la « totalité ou une partie de la récolte est enlevée par cas fortuit, « il n'a pas d'indemnité à réclamer du bailleur (alinéa 1er). »

Certains auteurs en ont conclu que le remplacement des fourrages détruits incombait en entier au preneur. Mais ces auteurs ne tiennent pas compte du second alinéa, qui dit : « Chacun d'eux supporte sa portion correspondante dans la perte « commune. » Ce qui en somme vient à dire que le bailleur et le preneur paieront chacun la moitié des fourrages. Mais alors, disent les auteurs dont nous parlons, la loi se contredit ; dans le premier alinéa de l'article 9, elle déclare que le preneur n'a droit à aucune indemnité, donc il paiera seul le remplacement des fourrages, et dans le second, elle impose au bailleur sa part des frais. Non, mais la loi considère que le preneur, pour remplacer la moitié des fourrages, fait une dépense non prévue dans le bail. Or, pour cette dépense, il n'aura droit à aucune indemnité.

En un mot, la loi de 1889 donne la solution suivante : les fourrages seront remplacés par moitié et le preneur ne pourra demander aucune indemnité pour la dépense supplémentaire que lui cause le remplacement de sa part de récolte.

2e *Hypothèse.* — Les pailles et fourrages de la récolte ne suffisent pas, soit que la quantité de bétail ait été augmentée, soit que la récolte soit insuffisante. La question est ici résolue différemment, selon les usages et les baux. Tantôt les fourrages manquants seront achetés de moitié, tantôt le colon seul y pourvoira. En fait les propriétaires viennent le plus souvent en aide au métayer dans ces circonstances.

Nous venons de voir dans quelles limites le bailleur peut être obligé de contribuer aux dépenses d'exploitation. Mais une autre question est de savoir dans quelle mesure il pourra être actionné par les tiers à raison de ces dépenses. Un marchand a vendu des denrées quelconques, des semences par exemple, à un métayer, peut-il en demander le paiement au propriétaire ? Écartons d'abord le cas où le propriétaire aurait donné mandat à son métayer de faire l'achat ; dans ce cas, il est évidemment responsable du paiement. Mais, hypothèse qui se présentera beaucoup plus fréquemment, le propriétaire résidant souvent loin de son domaine : si le métayer a fait un achat à l'insu du bailleur, celui-ci peut-il être actionné par le vendeur ? Oui, répondent certains auteurs [1], car le colon a un mandat général pour agir dans l'intérêt de la bonne exploitation du domaine ou au moins peut être considéré comme un gérant d'affaires.

Quant à l'existence d'un mandat, la nature du métayage s'y oppose : le propriétaire s'est réservé le droit de diriger l'exploitation ; il ne peut avoir chargé le métayer d'agir en son nom.

L'hypothèse d'un mandat général tacite est donc en contradiction avec le droit de direction établi par la loi.

1. Rérolle, p. 357.

Quant à la gestion d'affaires, elle peut se rencontrer dans certains cas d'urgence, par exemple lorsqu'en l'absence du propriétaire une toiture a été enlevée par la tempête. Le métayer pourra de sa propre initiative acheter les matériaux nécessaires à la réparation et les vendeurs auront de ce cas action contre le propriétaire. Mais en dehors de ces circonstances exceptionnelles, on ne peut considérer le colon pour toutes les dépenses qu'il lui plairait d'engager comme un gérant d'affaires.

Il faut donc conclure que le métayer ne peut engager son propriétaire. C'est l'avis de M. Méplain, qui est cependant un partisan convaincu de l'assimilation du métayage à la Société. « L'achat fait par le métayer, dit-il, ne donne pas en « général au vendeur d'action contre le maître. »

§ 5. — Responsabilité du Propriétaire quant aux Délits et quasi Délits provenant du chef du Métayer.

1° *Le propriétaire est-il responsable des faits du colon?* La négative est certaine. Le colon n'est pas un domestique obéissant aux ordres du maître. Il a une initiative propre pour tous les actes relatifs à la culture et c'est à lui qu'on en doit demander compte. Tout au plus pourrait-on mettre en cause le propriétaire, dans le cas où la mesure qui a causé le dommage a été spécialement ordonnée par lui ; il en prend dès lors la responsabilité.

Il en sera ainsi dans le cas où le propriétaire fait essayer par son métayer une nouvelle machine agricole sans veiller à ce que toutes les précautions soient prises en vue d'éviter un accident. Si l'accident se produit, le maître pourra être rendu responsable, car le dommage aura été causé par son propre fait, c'est-à-dire par son manque de surveillance (art. 1384 du Code civil).

2° *Le propriétaire est-il responsable des dommages causés par les animaux de la métairie?*

Une opinion est d'avis que le bailleur étant copropriétaire du cheptel est responsable des dégâts commis par les animaux de la métairie.

On trouve en ce sens un jugement du tribunal de Montluçon de 1895, ainsi qu'un arrêt de la Cour de Bordeaux.

Mais la majorité des auteurs décide que si l'article 1385 impose au propriétaire une responsabilité, ce n'est pas en qualité de propriétaire de l'animal, mais parce qu'il en a la détention et la surveillance. Or, dans notre cas, la surveillance des bestiaux de la métairie incombe au colon, et le maître ne peut être rendu responsable des dégâts par eux commis. En ce sens (Toulouse, 5 avril 1865, t. 65, 2. 205; C. 14 février 1862 et 1er avril 1883, t. 62, 1. 999, D. 66, 1366[1]).

Autre devrait être la décision si le propriétaire avait chargé son métayer de conduire un animal au marché. Sa responsabilité serait celle de tout propriétaire qui confie un travail à un domestique (Bordeaux, 10 mars 1876, S. 74, t. 252).

1. Tribunal de Sancerre, Jugement du 22 avril 1885, confirmé par Arrêt de Bourges, 30 novembre 1885.

CHAPITRE IV

OBLIGATIONS DU MÉTAYER

§ 1. — Habiter la Métairie. — (*Loi du 18 juillet 1889*, art. 4, § 3.)

« Le preneur, dit l'article 4, doit se servir des bâtiments de « l'exploitation qui existent dans les héritages qui leur sont « confiés et résider dans ceux affectés à l'habitation. » Le législateur de 1889 a tenu à reproduire en le détaillant l'article 1767 du Code civil qui vise tous les preneurs de biens ruraux, et cela, ont expliqué les rapporteurs tant au Sénat qu'à la Chambre, parce que le propriétaire doit pouvoir facilement surveiller la part qui lui revient de la récolte, et avoir toujours le métayer sous la main pour le contrôle de ses travaux.

Avant la loi nouvelle, on autorisait le métayer à habiter un immeuble voisin, pourvu qu'il n'en résultât aucun inconvénient pour l'exploitation. Avec le nouveau texte, cette latitude est impossible. L'article 4 déclare formellement que le preneur doit résider dans les bâtiments affectés à l'habitation. Dès lors on doit écarter l'opinion de M. Guillouard qui permet au métayer d'abandonner les bâtiments de la métairie aux gens chargés de l'aider dans l'exploitation et d'habiter un immeuble voisin.

§ 2. — Garnir le Domaine de Bétail et d'Instruments aratoires.

La loi de 1889 renvoie sur ce point à l'article 1766 du Code civil, c'est une obligation dérivant de la nature du contrat ; le preneur doit avoir le matériel nécessaire à la culture, matériel dont l'existence assure la garantie du propriétaire (Privilège de l'art. 2102.)

D'ailleurs le propriétaire soucieux de se maintenir dans la voie du progrès ne se contentera pas des instruments qu'apporte le colon, il fournira lui-même, ce qui sera un cas fréquent, ceux qui manqueront (art. 13).

§ 3. — Exploiter lui-même.

Cette obligation dérive du caractère personnel du contrat du colonat partiaire. La personne du métayer est dominante ; le bail a été contracté *intuitu personæ*. Dès lors le propriétaire a le droit d'exiger que ce soit le métayer, choisi par lui, sur lequel il a pris des renseignements, qui cultive.

La principale conséquence de cette obligation est la prohibition de sous-louer édictée par l'article 1763 du Code civil. Celui qui cultive sous la condition d'un partage de fruits, ne peut ni sous-louer, ni céder son bail, si la faculté ne lui en est expressément concédée par le bail.

Il est évident que le métayer ne peut exécuter par lui-même tous les travaux nécessaires à la culture. Aussi ne saurait-on lui interdire d'avoir recours à des auxiliaires. Ce qu'on exige de lui, parce que c'est là que réside « *l'intuitus personæ* », c'est que les travaux s'exécutent sous ses ordres et que les personnes employées ne soient que ses instruments.

Le colon emploiera le plus possible les membres de sa famille, et à défaut des tiers désignés dans certaines régions sous le nom de *personniers* ou *estivandiers*.

Quelle est la sanction de cette prohibition de sous-location ? Si le preneur consent une sous-location, le bailleur peut demander la résiliation et des dommages-intérêts, dont le taux sera fixé par le juge en application de l'article 1764.

On s'accorde généralement pour décider que le tribunal a une certaine liberté d'appréciation de la faute commise et peut éviter de prononcer la résiliation, si le métayer prouve qu'aucun dommage n'a été causé et qu'il s'engage à ne pas consentir de sous-location à l'avenir.

§ 4. — Cultiver suivant la destination donnée par le Bail.

Il faut remarquer à cet endroit que la loi de 1889 n'a pas reproduit entièrement l'article 1728 du Code civil, d'où cette prescription est tirée. L'article 1728 ajoute en effet, « ou suivant « celle présumée, d'après les circonstances à défaut des conven- « tions ». Ce dernier membre de phrase a été omis intentionnellement pour éviter « une certaine latitude d'interprétation[1] ». Le métayer ne pourra donc en aucune circonstance modifier l'état de la chose louée ; l'obligation du métayer est à ce point de vue plus étroite que celle du fermier, à cause du droit de direction qui existe dans le métayage.

1. Rapport de M. Million à la Chambre des députés.

§ 5. — Cultiver en bon Père de famille.

On entend par cette expression, de style dans les baux, le devoir d'apporter dans les détails de la culture les soins qu'aurait un cultivateur soigneux. Cultiver en bon père de famille, c'est faire tous les travaux en temps voulu et d'une façon satisfaisante, c'est suivre l'assolement d'usage dans le pays.

Les pailles et fourrages devront être consommés par les animaux de la métairie, et les engrais répandus sur les terres du domaine.

Il est plutôt du domaine agronomique, que du droit de signaler les conditions d'une bonne culture.

Mais il ne suffit pas, pour qu'un métayer se conduise en bon père de famille, qu'il accomplisse strictement son devoir. L'expression employée par l'article 1728 a un sens moral, qui est un rappel à l'honnêteté et au devoir :

« Le métayer, dit M. de Tourdonnet, ne doit rien faire intentionnellement, ne doit rien laisser faire sciemment qui soit contraire aux intérêts du propriétaire et qui nuise à la bonne marche de l'exploitation. Sa conscience doit être en éveil à chaque heure de la journée, soit pour les travaux qu'il exécute, soit pour les ordres qu'il donne, soit pour la surveillance qu'il exerce. » Obligation évidemment sans sanction immédiate, car un propriétaire ne peut demander la résiliation sous prétexte que son métayer ne fait que strictement ce qu'il doit faire. La loi se charge de faire exécuter les prescriptions qu'elle édicte, mais les devoirs moraux sont en dehors de son application.

Ajoutons qu'on ne peut exiger du métayer, ce qui rentrerait cependant dans l'expression « en bon père de famille », qu'il s'occupe avec zèle des améliorations du domaine. La position du métayer est en général trop instable.

Tout ce qu'on peut lui demander, c'est qu'il soit bon cultivateur et soucieux du succès de la culture. C'est le seul point de vue auquel se placera le juge pour décider s'il y a lieu à résiliation.

Telles sont les principales obligations du métayer qui dérivent de la nature même du contrat.

La loi met encore à sa charge le paiement de l'impôt des portes et fenêtres qui est une charge de l'habitation[1].

Le métayer doit encore accomplir les prestations stipulées dans le bail et principalement les charrois. L'exécution en est réglée par la clause même du bail qui les établit. En cas de silence du bail, le métayer peut demander au juge de fixer le nombre des charrois et l'époque à laquelle ils pourront être faits sans entraver la culture.

Le propriétaire ne peut exiger que les charrois de l'année courante, il ne peut réclamer l'exécution de ceux qui n'ont pas été faits les années précédentes.

§ 6. — Responsabilités du Métayer.

Elles sont fixées par l'article 4 de la loi de 1889 : « Le preneur « répond de l'incendie, des dégradations et pertes survenues dans « le cours du bail, à moins qu'il ne prouve qu'il a veillé à la « garde et à la conservation de la chose en bon père de famille. »

Indépendamment du cas d'incendie que nous étudions plus loin, le preneur est rendu responsable des pertes de récoltes survenues par sa faute et des dégradations. Il faut entendre

1. Une loi du 18 juillet 1892, qui n'est pas encore appliquée, supprime l'impôt des portes et fenêtres qu'elle remplace par une taxe représentative.

par dégradations tout dommage causé à la chose louée par un mauvais usage du droit de jouissance, soit du fait du colon, soit du fait des personnes dont il est responsable. On comprend également dans cette expression les actes de négligence du colon dans la culture.

I. En premier lieu le colon est responsable des détériorations subies par les *récoltes*, à moins de cas fortuit. L'article 4 de la loi de 1889 ne fait que reproduire l'article 1735 du Code civil qui n'est lui-même qu'une application de ce principe général édicté par les articles 1136 et 1137, que le débiteur d'un corps certain est tenu de conserver la chose jusqu'à la livraison. Or le colon doit livrer au bailleur une part des récoltes, il est donc tenu de veiller à leur conservation en bon père de famille.

L'article 1732 dit : « Il répond des dégradations ou des pertes « qui arrivent pendant sa jouissance, à moins qu'il ne prouve « qu'elles ont eu lieu sans sa faute. »

Le preneur est donc présumé en faute ; c'est à lui de faire la preuve des cas fortuits. On avait proposé au Sénat de renverser la preuve, en mettant le bailleur dans l'obligation de prouver la faute du preneur. Le législateur n'a pas admis cette dérogation au droit commun : le colon devra prouver, pour s'exonérer, qu'il a veillé sur la chose en bon père de famille, c'est-à-dire qu'il a pris toutes les précautions pour éviter la perte qui s'est produite.

Il résulte des règles que nous venons d'exposer qu'en principe le preneur n'est pas tenu du cas fortuit.

Il ne peut être rendu responsable de la perte survenue sans son fait que dans deux cas :

1° Lorsqu'il a pris à sa charge le cas fortuit par stipulation expresse, par application de l'article 1772. L'article 1773 dit à ce sujet : « Cette stipulation ne s'entend que des cas fortuits

« ordinaires tels que la grêle, le feu du ciel, la gelée ou coulure.
« Elle n'entend point des cas fortuits extraordinaires tels que
« les ravages de la guerre, ou une inondation, auxquels le pays
« n'est pas ordinairement sujet, à moins que le preneur n'ait
« été chargé *de tous les cas fortuits prévus et imprévus.* »

Il n'est pas rare de trouver dans les baux, une clause mettant à la charge du preneur ces cas fortuits *prévus et imprévus.*

2° Le cas fortuit est encore à la charge du preneur en dehors de toute stipulation spéciale, lorsqu'il avait été mis en demeure de prendre des précautions qui eussent évité la perte. Par exemple, le preneur avait reçu sommation d'avoir à rentrer la récolte, il ne l'a point fait et la récolte a été détruite par la grêle, le preneur dans ce cas est responsable.

Le colon qui était en demeure ne pourra s'exonérer qu'en prouvant que la chose fût également périe s'il avait exécuté ce qui lui avait été commandé (art. 1302, 2e alinéa).

II. En second lieu, le preneur est responsable de l'inexécution ou de la mauvaise exécution des *travaux de culture.* Par exemple, les terres ont été insuffisamment fumées, les prés mal fauchés, les bestiaux négligés, ou bien le colon n'a pas exécuté au temps voulu les travaux ordinaires. Dans tous ces cas, le colon a manqué à son obligation de jouir en bon père de famille, et est passible de dommages-intérêts qui seront calculés en tenant compte du *damnum emergens* et du *lucrum cessans,* c'est-à-dire de la perte subie par le bailleur et les bénéfices dont il est privé.

Le bailleur a eu en outre le droit de demander la résiliation d'après l'article 13 de la loi de 1889 qui renvoie à l'article 1766 du Code civil.

III. L'article 1768, que l'article 13 de la loi nouvelle déclare applicable au bail à Colonat, oblige le preneur à avertir le bailleur des *usurpations* commises sur les fonds, s'il ne peut pas être rendu responsable du préjudice causé au bailleur. Cet avertissement doit être fait dans les délais fixés par l'article 1768.

Avant la loi du 18 juillet 1889, il y avait controverse.

Les auteurs qui voyaient dans le métayage une société refusaient d'appliquer à ce contrat l'article 1768 du Code civil pour cette raison que le colon n'est pas un preneur de bien rural et que le propriétaire est à même de surveiller son bien.

Les partisans du système adverse répondaient assez justement que le colon est désigné par le Code sous le nom du preneur et que d'autre part la surveillance du propriétaire n'est pas assez minutieuse et constante pour qu'il puisse s'apercevoir des usurpations.

Il faudrait d'ailleurs pour cela qu'il résidât sur les lieux, ce qui est fréquent mais n'existe pas toujours.

Quoi qu'il en soit, l'article 4 de la nouvelle loi adopte expressément le principe de l'article 1768. Cette solution est d'autant plus juste que le métayer qui ne veille pas aux empiètements des tiers ne jouit pas en bon père de famille. Si bien qu'on doit étendre la disposition de l'article 1768 à tous les troubles de droit provenant des tiers, comme la prétention à l'existence d'un droit de servitude ou l'opposition à l'exercice d'un droit de même nature existant au profit du domaine.

IV. Le preneur est également responsable de l'exécution des *réparations locatives*.

Avant la loi de 1889, il y avait à ce sujet une discussion analogue à celle que nous avons étudiée relativement aux usurpations.

Les uns mettaient à la charge du colon les réparations des

bâtiments d'habitation, pour lesquels il était considéré comme locataire pur et simple. Mais les bâtiments d'exploitation devaient être entretenus par le propriétaire, sauf faute du métayer.

Une seconde opinion, considérant l'article 1754 comme une exception de droit étroit, décidait que toute réparation incombait au propriétaire.

La raison qui a déterminé l'article 1754 existe cependant également pour le bail à colonat partiaire. Les dégradations envisagées par la loi quand elle parle de réparations locatives, sont causées par la jouissance d'une chose. Or, celui qui jouit doit entretenir. Aussi, la loi de 1889 a-t-elle soumis le colon partiaire aux mêmes règles que le fermier, toute réparation qui n'est causée ni par vétusté ni par force majeure est à la charge du colon.

Ainsi les toitures doivent être entretenues en bon état aux frais du métayer. Maintenant, il est bien entendu que si les toitures deviennent par vétusté irréparables et qu'il soit impossible de les maintenir en état, le colon peut demander une toiture neuve au propriétaire (Loi du 18 juillet 1889, art. 3).

Les usages varient d'ailleurs beaucoup sur ce point, suivant les pays. Dans certains départements les réparations locatives sont supportées par les propriétaires comme dans l'Ain, la Savoie, la Haute-Vienne, les Landes, l'Allier, l'Ardèche, l'Isère, la Mayenne, la Loire-Inférieure. Enfin elles sont supportées également par les deux parties dans l'Aveyron, le Puy-de-Dôme et le Vaucluse[1].

L'énumération des réparations locatives est la même que dans le bail à ferme.

S'il n'a pas été dressé d'état des lieux le preneur est pré-

1. Bouissou et Turlin, p. 217.

sumé avoir reçu la chose en bon état de réparations locatives, ce n'est qu'une présomption qui peut être détruite par la preuve contraire.

V. *Obligation spéciale du preneur en cas d'incendie.*

Avant la loi de 1889, l'obligation du preneur en cas d'incendie était réglementée par l'article 1733 C. civ., qui dispose que « le preneur répond de l'incendie à moins qu'il ne « prouve que l'incendie est arrivé par cas fortuit ou force majeure ou par vice de construction ou que le feu a été com- « muniqué par une maison voisine. »

Devait-on appliquer cet article au bail à colonat partiaire ? Les avis étaient partagés. Suivant certains auteurs, l'article 1733 était une disposition exceptionnelle qu'il ne fallait pas étendre en dehors du bail à ferme ; pour d'autres, il n'était que la conséquence des principes généraux en matière de preuve et devait être appliqué à tous les baux.

Pour bien apprécier la question, il faut distinguer deux choses dans l'article 1733. Il y a d'abord un principe qui est le suivant : Le preneur, en cas d'incendie, est responsable de la perte vis-à-vis du bailleur, à moins qu'il ne prouve que l'incendie est survenu sans sa faute ; il est présumé en faute. Présomption rationnelle, car à part l'hypothèse où l'incendie a été allumé par la foudre, il est le plus souvent le résultat d'une négligence commise par les personnes habitant la maison. Le fait de l'incendie ne suffit donc pas pour exonérer le preneur : il doit établir le cas fortuit. Cette partie de l'article 1733 est la consécration du droit commun, consécration de l'obligation de veiller sur la chose en bon père de famille à laquelle est soumis le preneur, d'abord comme preneur en vertu de l'article 1732, ensuite comme débiteur d'un corps certain en vertu de l'article 1302.

Le preneur doit restituer en fin de bail la chose dans l'état où il l'a reçue, à moins qu'il ne prouve que la perte est le résultat d'un cas fortuit. Il est présumé en faute sauf la preuve contraire qui est à sa charge. Voilà bien le droit commun.

Mais où l'article 1733 déroge au droit commun c'est lorsqu'il détermine les moyens qu'a le preneur d'échapper à la responsabilité. A la différence de l'article 1732, qui impose seulement au preneur l'obligation de prouver qu'il n'est pas en faute et cela par tous les moyens, l'article 1733 délimite les faits dont la preuve décharge le preneur ; ce sont :

1° Le cas fortuit, c'est-à-dire les incendies allumés par la malveillance ou par le feu du ciel ;

2° Le vice de construction, à moins qu'il ne soit le fait du preneur ;

3° La communication de l'incendie par une maison voisine.

Il y a eu discussion sur le point de savoir si cette énumération était limitative et si le preneur ne pourrait se libérer en faisant la preuve qu'il ne peut y avoir eu faute de sa part, par exemple en alléguant que le feu a pris dans un bâtiment où nul ne pénétrait.

La majorité des auteurs [1] et la jurisprudence estiment que l'énumération de l'article 1733 est limitative.

Il y a là, par suite, une aggravation du droit commun. Donc, concluaient certains auteurs, dans la discussion dont nous avons parlé plus haut à propos de l'application de l'article 1733 au colonat partiaire, donc l'article 1733 est exceptionnel et ne peut être étendu en dehors du bail à ferme.

Qu'a fait le législateur de 1889 ?

1. Aubry et Rau, IV, p. 485. Notes 20, 21, 22. Duranton, XVII, 104. Marcadé, article 1733, n° 1 ; Cass. 16 août 1882, S. 84, 1, 33 ; Angers, 20 mai 1891. *Gaz. Trib.* 30 juillet 1891. Paris, 16 mars 1894. Rec. des Ass. 1891, p. 249. Baudry-Lacantinerie, *Du Contrat de Louage*, t. I, p. 411.

Il a maintenu le principe de l'article 1733, conforme au droit commun, mais il a écarté la limitation des moyens de preuve qui aggravait ce droit commun.

M. Clément, rapporteur au Sénat, a dit à ce sujet : « Le Code « a posé un principe rigoureux, une présomption de faute dont « le locataire ne peut s'exonérer que dans *trois cas expressé-* « *ment limités*. C'est de cette disposition exceptionnelle que le « projet de loi exonère le colon partiaire *en le laissant sous* « *l'empire du droit commun*. Il doit justifier qu'il n'a pas com- « mis de faute, mais sa *justification reste pleinement libre* ; il « peut par tous les moyens possibles prouver qu'il a veillé à « la conservation de la chose louée, en bon père de fa- « mille. »

Ce que l'article 4 de la loi de 1889 résume en disant : « Il « (le colon partiaire) répond de l'incendie, etc., à moins qu'il ne « prouve qu'il a veillé sur la chose en bon père de fa- « mille. »

Il nous reste à dire deux mots sur l'application de l'article 4. Il ne suffit pas au preneur pour s'exonérer de prouver qu'il s'est conduit en bon père de famille : il doit démontrer que dans la circonstance spéciale de l'incendie il n'a commis aucune faute. Par exemple, alors même que l'incendie aurait pour cause première un cas fortuit, il devra prouver qu'il a tout fait pour en limiter les effets.

Au cas où le propriétaire partage avec le métayer les bâtiments de la ferme, la présomption de l'article 1733 tombe forcément parce que l'incendie peut aussi bien provenir d'une imprudence du propriétaire que de la négligence du métayer[1].

1. Bordeaux, 22 juin 1888. *Gaz. Trib.* 47, 1888. Rennes, 15 février 1889. D. 90, 2, 97. Lyon, 20 mars 1889. Rec. périod., Ass. 1889, p. 570.

CHAPITRE V

DISSOLUTION DU CONTRAT DE COLONAT PARTIAIRE

§ 1. — De la Dissolution par l'arrivée du Terme.

Lorsque les parties dressent un acte écrit, la durée du bail y est presque toujours indiquée ; au contraire, le bail verbal est plus souvent fait pour un temps indéterminé. C'est ce qui fait sans doute que le législateur désigne sous le non *de baux faits sans écrits* tous les baux dont la durée est indéterminée, alors même qu'il aurait été dressé un acte, et sous le nom de *baux écrits*, ceux dont la durée est déterminée alors même qu'ils seraient le produit d'une simple convention verbale (art. 1737-1738). Cette terminologie a été critiquée avec beaucoup de raison, car les expressions ne sont pas en rapport avec les idées exprimées.

Quoi qu'il en soit, le bail sans écrit, c'est-à-dire celui dont la durée est indéterminée, prend fin par un congé (art. 1736). Le bail écrit dont la durée a été fixée par les parties, prend fin par l'expiration du temps assigné à sa durée (art. 1737).

Étudions ces deux dispositions.

1° *Du bail fait sans fixation de durée.*

Le Code distingue ici le bail à loyer du bail à ferme. Le bail à loyer dont la durée n'a pas été fixée par les parties est censé fait pour une durée indéterminée.

Quant au bail à ferme, la loi en fixe la durée au temps nécessaire pour que le preneur recueille tous les fruits de l'héritage. L'article 1774 dit à ce sujet :

« Le bail sans écrit d'un bien rural est censé fait pour le temps « qui est nécessaire afin que le preneur recueille tous les fruits « de l'héritage affermé. Ainsi le bail d'un pré, d'une vigne et « de tout autre fonds dont les fruits se recueillent en entier « dans le cours de l'année est censé fait pour un an. Le bail « des terres labourables, lorsqu'elles se divisent par soles au « saisons, est censé fait pour autant d'années qu'il y a de « soles. »

Avant la loi de 1889 on appliquait généralement l'article 1774 au bail à colonat partiaire. Seuls les partisans de l'assimilation de ce contrat à la Société, décidaient que le bail finissait par la volonté d'un des contractants, conformément à l'article 1865. Or, l'article 13 de la loi nouvelle renvoie aux dispositions de la section I du titre de louage, dans les articles 1736 à 1741 inclusivement, mais non pas à l'article 1774. Le législateur a pensé qu'il ne pouvait y avoir que des inconvénients à retenir dans une association des personnes qui ont cessé de se convenir. D'où il faut conclure que le bail à colonat partiaire est assimilé au bail à loyer et prend fin par un congé.

Cependant dans les pays où l'usage des lieux fixe la durée des baux, en l'absence de convention, le bail finira par la seule arrivée du terme. L'usage des lieux tient en effet lieu de convention, du moins dans le colonat partiaire (L. 1889, art. 13 *in fine*).

Le *congé* est la déclaration que l'une des parties fait à l'autre de sa volonté de mettre fin au bail. C'est un acte unilatéral : l'acceptation de la partie à laquelle il est adressé n'est pas nécessaire.

Le congé doit émaner du propriétaire ou de son mandataire. S'il y a plusieurs copropriétaires solidaires, le congé n'est imposable au preneur que s'il émane de tous les propriétaires, à moins que celui qui donne congé ait reçu mandat de ses copropriétaires ; on admet généralement que le congé signifié à l'un des preneurs solidaires est valable contre tous [1].

Quant au délai dans lequel le congé doit être donné, la loi s'en réfère aux usages des lieux (art. 1736).

Ces usages sont très variables. Le délai ne doit pas être trop court, car il faut laisser au bailleur le temps de chercher un autre preneur, ou au colon une autre métairie. Mais il ne doit pas non plus être trop long, car le colon qui est certain de quitter un domaine apportera forcément moins de soins à la culture et surtout à l'amélioration des terres.

2° *Du bail fait pour un temps fixé.*

Ce bail cesse de plein droit à l'expiration du terme fixé sans qu'il y ait besoin de congé.

Lorsque le bail est fait pour trois, six ou neuf années, il cesse de plein droit à l'expiration des neuf années. Mais les parties peuvent le faire cesser à l'expiration de la troisième ou de la sixième année en donnant congé. C'est, en somme, un bail de neuf ans avec faculté pour les parties d'y mettre fin au bout de trois ou six ans.

1. AUBRY et RAU, IV, p. 500, p. 28. — GUILLOUARD, I, p. 433, Contra, BAUDRY-LACANTINERIE, I, p. 522.

De la tacite reconduction.

Lorsqu'à l'expiration du terme fixé pour la fin du bail, le preneur reste en possession sans protestation du bailleur, il se forme un nouveau bail en vertu du consentement tacite des parties; c'est ce qu'on appelle tacite reconduction. Les articles **1738**, **1739** et **1740** qui ont trait à la tacite reconduction ont été rendus applicables au colonat partiaire par l'article **13** de la loi du **18** juillet **1889**.

La tacite reconduction n'est censée consentie que pour le temps des baux sans écrit, c'est-à-dire que les parties pourront y mettre fin à toute époque par un congé (art. **1738**).

Le preneur ne peut invoquer la tacite reconduction lorsque le bailleur lui a signifié congé. Ce congé que l'on appelle quelquefois *congé-avertissement* est généralement donné par le bailleur qui prévient le preneur que s'il le laisse en jouissance, ce n'est pas dans l'intention de renouveler son bail.

La tacite reconduction n'est possible que pour les baux écrits, c'est-à-dire à durée déterminée ; elle est évidemment impossible pour les baux sans écrit, qui ne prennent fin que par un congé.

Le bail issu de la tacite reconduction est un nouveau bail et non la continuation de l'ancien ; aussi les sûretés attachées à l'ancien bail ne survivent pas à son expiration. L'article **1740** en décide ainsi pour la caution. Il faut étendre cette solution à l'hypothèque donnée pour garantir l'exécution des obligations résultant du bail primitif.

§ 2. — Perte de la Chose louée.

Il faut distinguer la perte totale de la perte partielle.

1° *En cas de perte totale*, c'est-à-dire lorsque tous les bâtiments de l'exploitation sont détruits, le bail est toujours résilié de plein droit. Cela résulte d'abord de l'article **1741** C. civ., auquel renvoie l'article **13** de la loi de **1889** et qui déclare que « le contrat de louage se résout par la perte de la chose louée. » L'article **8** de la loi nouvelle confirme cette disposition pour le cas fortuit.

Que la perte de la chose provienne du fait du preneur ou du bailleur ou soit le résultat d'un cas fortuit, peu importe : le bail est toujours résilié ; mais dans le 1er cas des dommages et intérêts sont dus par la partie qui est cause de la perte : si c'est le preneur, les dommages et intérêts sont dus par application du droit commun en matière d'obligations (art. **1142**) ; si c'est le bailleur, ils sont la conséquence de l'obligation de garantie à laquelle il est soumis vis-à-vis du preneur. Au contraire, lorsqu'il s'agit d'une perte totale par cas fortuit, ce qui se produit au cas de tremblement de terre, d'inondation et d'expropriation pour cause d'utilité publique, il n'y a lieu à aucun dédommagement.

2° *Au cas de perte partielle* (incendie, expropriation) le contrat est seulement résiliable. Pour le bail à ferme l'article **1722** donne au fermier le droit de demander la résiliation ou une diminution de prix. Dans le colonat partiaire, il n'y a que la résiliation ; il ne peut, en effet, être question de la diminution du prix puisque le prix n'existe pas. Avant la loi de **1889** on n'autorisait la résiliation qu'au cas où le contrat n'aurait pas eu lieu, si la diminution de la chose louée eût existé antérieurement à la conclusion. Autrement, le propriétaire pouvait être contraint aux réparations.

L'article 8 de la loi nouvelle permet au bailleur de refuser les reconstructions et réparations ; au preneur de demander la résiliation s'il croit ne pas pouvoir continuer l'exploitation.

La résiliation peut d'ailleurs être demandée également par le bailleur si les dépenses nécessaires pour les réparations sont disproportionnées avec l'intérêt que lui offre la continuation du bail. Dans les deux cas, d'ailleurs, le juge a la faculté de la prononcer.

Il faut entendre par perte partielle un dommage qui entrave gravement la jouissance du colon, et c'est à ce point de vue que la loi accorde au preneur une indemnité au contraire de ce qui a lieu en cas de perte totale. Cette indemnité n'est d'ailleurs acccordée que si la demande en résiliation vient du bailleur. On peut critiquer cette diposition qui prouve un manque de logique chez le législateur. Il accorde en effet au preneur le droit entre la résiliation et la continuation du contrat, mais en même temps il le prive d'indemnité quant il choisit la résiliation. C'est vouloir peser sur sa décision, lui rendre l'alternative impossible. Il eût été plus rationnel d'accorder l'indemnité au preneur, dans tous les cas, sans regarder de qui émane la demande en résiliation, et encore le plus simple aurait-il été de s'en tenir à l'article 1722 en remplaçant la diminution du prix impossible par une indemnité.

§ 3. — Mort du Colon.

L'article 6 de la loi du 18 juillet 1889 qui déclare que la mort du colon seule met fin au bail a tranché une controverse tenant à la nature du colonat partiaire. Les auteurs qui considéraient le colonat partiaire comme une société appliquaient l'article 1865, disant « que la mort de l'un des associés dissout le contrat. » Ceux qui voyaient dans notre contrat un louage ordinaire, se prévalaient de l'article 1742 qui porte que « le « contrat n'est résolu ni par la mort du bailleur ni par la mort « du preneur. »

Ces deux solutions étaient en pratique aussi inadmissibles l'une que l'autre.

En effet, envisagé par rapport au preneur, le contrat de colonat partiaire est fait *intuitu personæ*, comme le contrat de société. Le bailleur a pris en considération les aptitudes professionnelles du colon et son honorabilité. Il ne peut être tenu de continuer le bail avec des héritiers qui n'offriraient peut-être pas les mêmes garanties et qui peuvent d'ailleurs n'avoir aucun désir de continuer l'exploitation.

Le contrat n'a plus le même caractère si on l'envisage au point de vue du bailleur ; ce que le preneur a eu surtout en vue, c'est la propriété et non le propriétaire. Aussi l'article 6 de la loi de 1889 donne-t-il une solution rationnelle quand il applique les règles du louage quant à la mort du bailleur (art. 1742), et celles de la société quant à la mort du preneur (art. 1865).

Le bail est donc résolu *ipso facto* par la mort du colon. Mais si le propriétaire trouve dans les héritiers du colon les mêmes garanties que présentait leur auteur, il peut les laisser en jouissance ; il se formera alors un nouveau bail par tacite reconduction.

La résolution immédiate du contrat ne serait pas sans causer un grave préjudice aux héritiers du colon, aussi l'article 6 admet-il que la jouissance des héritiers ne cesse qu'à l'époque consacrée par l'usage des lieux pour l'expiration des baux annuels.

§ 4. — Inexécution des Conditions.

L'article 13 de la loi de 1889 renvoie à l'article 1741 du C. civ. qui dispose : le contrat de louage se résout par la perte de la chose louée *et par le défaut respectif du bailleur et du preneur de remplir leurs engagements.*

L'article 1741 ne fait qu'appliquer le principe général contenu dans l'article 1184. La condition résolutoire est toujours sous-entendue dans les contrats synallagmatiques, pour le cas où une des parties ne remplit pas ses engagements.

Ce principe trouve de nombreuses applications dans le contrat de colonat ; la plupart des obligations du bailleur et du preneur sont sanctionnées par la résolution du contrat.

Une nombreuse jurisprudence [1] décide qu'en cas de dissentiments graves entre colon et propriétaire, il y a lieu à résolution du bail par application des articles 1854, 1859 et 1871.

On peut justifier cette jurisprudence sans accepter l'assimilation du contrat de colonat à la société.

L'article 1184 est suffisant pour permettre de prononcer la résiliation.

§ 5. — Aliénation de la Chose louée.

En cas de vente du domaine, l'acquéreur est-il tenu de respecter le bail en cours de jouissance ? L'article 7 de la loi du 10 juillet 1889 s'occupe de cette question et renvoie aux articles 1743, 1749, 1750 et 1751 du Code civil qui la règlemente en ce qui concerne le bail à loyer et le bail à ferme.

1. Grenoble, 20 mars 1863, S. 63, 2108.
Agen, 25 novembre 1885, 25 octobre 1888.

Le principe est que le bail n'est pas résolu par la vente de la métairie. Le législateur s'est préoccupé à juste titre des dangers que présenterait l'instabilité de la situation du colon si la jouissance était à la merci d'une aliénation.

Il y a à ce principe deux exceptions.

1° *Le bail n'est pas authentique ou n'a pas acquis date certaine.* Il n'est pas dès lors opposable à l'acquéreur (art. **1743**) qui peut expulser le preneur sans avoir besoin de donner congé. Cette question de la nécessité du congé est cependant discutée. La jurisprudence admet la négative [1]. Le preneur expulsé a-t-il droit à des dommages-intérêts dans ce cas ? L'acquéreur peut sans doute invoquer l'article **1750** qui porte que si le bail n'est pas fait par acte authentique ou n'a pas date certaine l'acquéreur n'est tenu d'aucun dommage-intérêt. Mais le colon peut-il diriger une action en indemnité contre son bailleur ? Nous ne le croyons pas, car la loi de **1889** n'accorde de dommages-intérêts au colon que dans le cas où il a été convenu dans le bail que le preneur pourrait être expulsé (art. 7).

2° *Le bail est authentique ou a acquis date certaine, mais il a été convenu dans le bail qu'en cas de vente l'acquéreur pourrait résilier (art. 1744 et art. 7 loi du 18 juillet 1889).*

Dans ce cas le preneur a droit à des dommages-intérêts. On suppose qu'il n'a consenti à la résiliation éventuelle qu'à la condition d'être dédommagé. La loi nouvelle n'a pas maintenu la disposition de l'article **1747**, qui fixe l'indemnité due au fermier « au tiers du prix du bail. » Dans le colonat partiaire, il n'y a pas de prix, le tiers du prix ne répondrait donc à aucun chiffre. L'article 7 accorde seulement au colon le rembourse-

1. Riom, 5 juillet 1858, D. 58. 2219. Douai, 15 février 1865, S. 65. 2293. Montpellier, 4 mars 1867, S. 67. 2130. — *Contra*, GUILLOUARD, I, 365 ; TROPLONG, n° 506 ; AUBRY et RAU, IV, § 359.

ment des dépenses extraordinaires qu'il a faites, mais seulement « jusqu'à concurrence du profit qu'il en aurait tiré pendant la durée de son bail. »

L'article 7 ne renvoie pas à l'article 1748 du Code civil qui oblige l'acquéreur à donner congé un an à l'avance. La loi nouvelle se réfère pour cela à l'usage des lieux (art. 7, alinéa 1er).

CHAPITRE VI

DES CONDITIONS DANS LESQUELLES S'OPÈRENT LES CHANGEMENTS DE MÉTAYERS

---

§ 1. — Date des Changements.

L'époque prédominante des changements de métayers est le mois de novembre, soit le jour de la Toussaint, soit le jour de la Saint-Martin (14 novembre). Viennent ensuite les dates du 24 septembre, jour de la Saint-Michel ; du 24 juin, jour de la Saint-Jean ; et enfin le 25 décembre, jour de Noël. Quelle date serait la plus rationnelle au point de vue économique ?

Le 29 septembre a l'avantage de se trouver au moment où les récoltes sont engrangées et les semailles à peine commencées. Il y a donc peu de rapports, c'est-à-dire peu de sujets de discussion, entre les fermiers entrants et sortants.

Le mois de novembre présente cet inconvénient que les semailles sont faites par le métayer sortant, qui est disposé à ménager et la semence et son travail, ne travaillant pas pour lui. Pour obvier à cet inconvénient la loi autorise le métayer sortant à surveiller sa récolte et à récolter sur place.

L'article 1777 dit à ce sujet : « Réciproquement le fermier entrant doit procurer à celui qui sort les logements convenables et autres facilités pour la consommation des fourrages et les récoltes à faire. »

§ 2. — Obligations du Métayer sortant.

1° *Obligation de restituer la chose.*

La première obligation du métayer sortant est de laisser le domaine dans l'état où il l'a pris. Nous avons vu en étudiant cette obligation qu'à défaut d'état des lieux, on présume qu'il a pris la métairie en bon état.

2° *Obligation de restituer les pailles et engrais.*

L'article 1778, auquel renvoie l'article 13 de la loi nouvelle, dit à ce sujet : « Le fermier sortant doit aussi laisser les pailles « et engrais de l'année s'il les a reçus lors de son entrée en « jouissance, et quand même il ne les aurait pas reçus, le pro- « priétaire pourra les retenir suivant estimation. »

La deuxième partie de l'article constitue une véritable expropriation, mais elle était nécessitée par l'intérêt de la culture. Le métayer entrant ne pouvait trouver la métairie dépourvue de fourrages et engrais.

Au cas où il reste des fourrages de l'année précédente, le métayer sortant a le droit de les enlever ou d'en demander la valeur au propriétaire.

3° *Les travaux de culture que comportent la saison et l'assolement des terres doivent être terminés ;* sinon il peut être responsable des conséquences de leur inexécution, à moins qu'il ne prouve qu'il n'y a pas eu faute de sa part. Si un cas fortuit, la sécheresse par exemple, l'a empêché de terminer les semailles, il peut refuser de venir les achever, en

6

raison de l'article 1148 du Code civil, qui libère le débiteur de toute responsabilité quand il a été empêché par cas fortuit ou force majeure d'exécuter son obligation. En général, et surtout lorsqu'il doit surveiller la récolte qu'il a commencé de semer, le métayer a intérêt à terminer les travaux. Nul ne peut l'empêcher : puisqu'il doit récolter, il faut bien qu'il sème. En pratique, comme nous l'avons dit, cette continuation de la culture par l'ancien métayer n'est pas sans difficultés, car elle risque de gêner le nouveau métayer dans ses travaux, par exemple s'il emprunte ses attelages, et d'un autre côté son nouveau propriétaire peut se plaindre qu'il abandonne la culture.

4° *Le métayer sortant doit semer les graines fourragères,* bien qu'il ne doive pas les récolter. Qui fournira ces semences ? Ce peut être le nouveau preneur; ou le propriétaire qui sera sûr ainsi de la qualité des semences : il se fera rembourser par le métayer entrant de cette avance.

Ajoutons que le nouveau preneur peut tenir à ensemencer lui-même. Dans ce cas le colon sortant devra lui fournir toute facilité (arg. art. 1777).

Pour toutes ces questions, ainsi que pour les rapports toujours délicats entre le métayer entrant et celui qui s'en va, l'usage des lieux est souverain. La loi nouvelle agit sagement en se contentant de renvoyer aux usages, car la réglementation est impossible.

§ 3. — Règlement de compte entre le Propriétaire et le Colon sortant.

Nous voulons parler du remboursement des dépenses que le colon a pu faire en cours de bail, dans l'intérêt du domaine.

Il faut distinguer tout d'abord les dépenses *nécessaires* destinées à conserver la chose, et les dépenses *utiles* destinées à l'améliorer.

Pour les premières la règle est très simple : Le colon sera remboursé exactement de ce qu'il a dépensé. Le preneur agit alors plutôt comme gérant d'affaires en vue de la conservation de la chose ; il doit récupérer intégralement ses avances. A-t-il remplacé à ses frais une porte, une pièce de charpente, le propriétaire lui en doit la valeur, d'après le prix d'achat et en plus les intérêts du jour des déboursés.

Quant aux dépenses d'amélioration, ce sont celles faites par le métayer en vue d'accroître le rapport du domaine, par exemple le défrichement d'un bois, le dessèchement d'un marais. Le propriétaire jouit là d'une plus-value dont il doit tenir compte au métayer.

La loi du 18 juillet 1889 accorde indemnité au colon pour ces dépenses extraordinaires dans trois cas :

1° Le bail est résolu par la mort du colon, dans ce cas l'indemnité est payée à ses héritiers (art. 7) ;

2° Le bail est résilié par l'acquéreur du domaine (art. 7) ;

3° Le bail est résilié sur la demande du bailleur pour cause de perte partielle (art. 8, *in fine*).

Dans ces trois cas le taux calculé de l'indemnité est fixé par la loi nouvelle non d'après le déboursé, mais suivant le profit que le colon en eût pu tirer pendant les années qui restaient à courir.

Ainsi le colon a fait un défrichement qui cause au domaine une plus-value annuelle de 100 francs ; s'il quitte la métairie trois ans avant la fin du bail, il a droit à une indemnité de 50 francs répétée trois fois.

Il est tout juste que le colon qui pourrait compter sur ce

profit pendant les années qui restent à courir soit indemnisé de ce *lucrum cessans*.

Mais par contre, il ne peut rien enlever des plantations ou constructions incorporées au sol. Le propriétaire les garde, mais il paie au colon l'équivalent du profit qu'il en eût retiré si le bail avait fini normalement.

Maintenant, une question se pose : L'énumération des articles 6, 7 et 8 de la loi du 18 juillet 1889 est-elle limitative, et en dehors des trois cas prévus par le législateur, le colon ne peut-il obtenir d'indemnité pour les améliorations par lui faites pendant le bail ?

Quelques auteurs refusent toute indemnité au colon en dehors des cas prévus. Nous ne sommes pas de cet avis. Il y a en effet un principe qu'il faut appliquer ici : que nul ne peut s'enrichir aux dépens d'autrui ; le propriétaire ne peut se plaindre en aucun cas de rembourser au preneur le travail qu'il a fourni dans l'intérêt du domaine.

Il faudra donc appliquer le droit commun quand on ne se trouvera pas dans les hypothèses prévues par les articles 7 et 8 de la loi de 1889.

Mais comment l'indemnité est-elle évaluée dans le droit commun ? Nous croyons qu'on peut ici généraliser la solution donnée par l'article 555, à propos des constructions élevées sur le terrain d'autrui. Le colon ne peut être considéré comme étant de bonne foi, car d'après l'article 550, il faut, pour être de bonne foi, posséder comme propriétaire avec juste titre. Le colon qui a fait des améliorations, constructions ou autres sur la terre du propriétaire, est donc de mauvaise foi Dès lors, l'article 556 laisse le choix au propriétaire entre deux partis :

1° Soit forcer le constructeur à démolir sans indemnité ;

2° Soit garder les constructions en payant une indemnité égale aux déboursés, sans se préoccuper de la plus-value.

C'est cette dernière solution qui doit être considérée comme la solution normale, toutes les fois que le colon aura fait des améliorations dans la métairie ; il y a, en effet, beaucoup de travaux que le colon peut faire, comme des défrichements, qui ne sont pas susceptibles de démolition.

Donc en dehors des trois cas prévus par les articles 7 et 8 de la loi de 1889, le propriétaire devra une indemnité calculée d'après les déboursés faits par le colon.

CHAPITRE VII

DU PARTAGE

Aux termes de l'article 2 de la loi du 18 juillet 1889, « les « fruits et produits se partagent par moitié s'il n'y a stipulation « ou usage contraire. » Le partage par moitié est certainement le plus répandu dans les usages locaux et dans les baux. Le partage doit évidemment correspondre aux apports : le propriétaire apporte son domaine et le concours de son intelligence et de son instruction, le métayer son travail et quelquefois son matériel. Ces apports ont été généralement regardés comme équivalents et les parts à prendre dans les produits ont été faites égales. Cependant, dans certaines contrées, le métayer n'a que les 2/5 ou le tiers des produits. Comment peuvent se justifier ces inégalités? Par des avances faites par le propriétaire en instruments, semences, engrais, par des améliorations du sol faites par le propriétaire sans le concours du métayer. Enfin, par ce fait que la fertilité de la terre est telle que le revenu provenant de la moitié des récoltes n'est pas en rapport avec la somme de travail fourni par le métayer?

Que peut exiger le colon, dit-on, dans le partage ? Une rémunération équitable de son travail. Du moment qu'il l'obtient, il ne doit pas considérer si le propriétaire est avantagé, il reçoit ce qui lui est dû, cela doit lui suffire. Très bien ! mais si le métayer doit se contenter de la rémunération de son travail, au moins doit-il être assuré de recevoir chaque année une part minimum dans les produits équivalant à cette rémunération, cette part dût-elle être supérieure à celle du propriétaire. Cela on ne l'admet pas. Si la récolte est maigre, le colon touchera un salaire inférieur au travail qu'il a fourni, et le propriétaire prendra toujours sa part léonine. Une telle solution est contraire à la justice.

Au contraire, quand le partage se fait par moitié, le métayer ne peut se plaindre de ne pas recevoir un salaire suffisant, dans les mauvaises années, parce qu'il peut se dédommager lorsque la récolte est abondante. Il prend en quelque sorte la culture à forfait. Il recevra tantôt plus, tantôt moins que l'exacte rémunération de son travail, et de son côté le propriétaire courra les bonnes ou les mauvaises chances.

Comme nous l'avons dit d'ailleurs, le partage par moitié est le plus répandu.

§ 1. — Partage des Produits autres que le Bétail.

Tous les produits sont partageables en principe. Par exception, les pailles et fourrages ainsi que les engrais ne sont jamais partagés. Ils restent au preneur pour le besoin de la culture. De même le colon conserve les racines, pommes de terre, betteraves, pour la nourriture du bétail. Dans le centre de la France on agit de même pour les châtaignes.

Le partage se fait le plus souvent en nature. Le propriétaire est prévenu par le métayer pour qu'il puisse surveiller les opérations de la récolte. Les gerbes sont comptées dans le champ même, en présence du propriétaire ou de son mandataire.

Le plus souvent on ne fait le partage que sur le grain, puisque la paille n'est pas partageable. Le grain battu, on prélève la semence et du reste on forme deux tas entre lesquels le propriétaire choisit.

L'inconvénient de ces partages en nature est d'exiger des bâtiments assez considérables pour que le propriétaire puisse loger sa part. Car l'écoulement des produits n'est pas immédiat, il faut pouvoir attendre pour retirer un prix raisonnable de la récolte. Et un autre inconvénient est justement cette nécessité pour le propriétaire de vendre sa récolte, ce qui exige des qualités commerciales que tout le monde n'a pas. Aussi beaucoup de propriétaires, autant pour éviter l'ennui des transactions que par crainte de faire de mauvaises affaires, préfèrent laisser le métayer vendre la récolte; le partage se fait alors sur le produit en argent. Ce système exige une grande surveillance de la part du propriétaire et une grande confiance dans le métayer.

§ 2. — Du Partage du Bétail.

Il faut dire un mot préalablement des droits du propriétaire sur le cheptel.

Nous avons vu que le cheptel peut être fourni par le propriétaire seul, ou à moitié par le bailleur et le preneur.

L'article 1812 du Code civil établit que le preneur ne peut disposer d'aucune bête du troupeau sans le consentement du bailleur, qui ne peut d'ailleurs pas lui-même en disposer sans le consentement du preneur.

La disposition finale de l'article s'accorde très mal avec le droit de direction du bailleur reconnu par l'article 5 de la loi du 18 juillet 1889. Aussi depuis la loi nouvelle décide-t-on que le propriétaire est libre dans l'achat et la vente des bestiaux.

Il est censé plus à même de connaître les époques favorables aux transactions et ne doit pas être contrarié par l'entêtement du colon. Inutile de remarquer que le plus souvent les propriétaires prendront l'avis du métayer, d'autant qu'ils sont responsables des achats ou ventes inopportunes qui auraient causé préjudice au métayer. En tous cas le métayer ne peut aucunement inquiéter les tiers acquéreurs qui ont contracté avec le propriétaire, celui-ci n'ayant fait qu'user de son droit.

Si le métayer vend des animaux à l'insu du propriétaire, celui-ci peut d'abord demander la résolution du bail en vertu de l'article 1816 qui est une application du principe posé par l'article 1184.

Mais le métayer est-il, en outre, susceptible d'une répression pénale? Oui, si le cheptel a été fourni entièrement par le propriétaire et s'il s'agit du fonds de cheptel. Dans cette hypothèse le colon, simple détenteur du cheptel, commet un abus de confiance en trafiquant sans le consentement du propriétaire. Il est dans la situation d'un banquier qui joue à la Bourse avec les fonds qui lui sont confiés.

Si le cheptel a été fourni par moitié, ou ce qui revient au même, s'il s'agit du croît ou bénéfice du fonds de cheptel, nous nous trouvons en présence d'un contrat de société. Le colon dans ce cas, qui a vendu une partie du fonds commun, n'a pas commis un abus de confiance, et il n'a pas non plus commis de vol puisqu'il était en possession du bétail vendu. On ne peut lui reprocher que la violation du contrat de bail.

Notons qu'au cas où le propriétaire aurait donné mandat dans le bail au métayer de vendre le bétail, il pourrait lui reprocher une opération désavantageuse parce que le métayer a l'obligation d'agir en bon père de famille.

Maintenant, si le colon a vendu un des animaux de la métairie sans le consentement du bailleur, celui-ci pourra-t-il revendiquer contre le tiers acquéreur?

La revendication des objets mobiliers n'est permise que dans deux cas (art. 2279) :

1° Lorsque les objets vendus ont été perdus ou volés, le propriétaire peut, même contre un acquéreur de bonne foi, revendiquer pendant trois ans. Il doit toujours rembourser au tiers acquéreur le montant de la vente, quand celle-ci s'est faite dans une foire ou marché public.

Mais nous avons vu que le métayer qui vend à l'insu du propriétaire des animaux de la métairie ne commet pas un vol, mais un abus de confiance. Or, l'opinion générale est que l'article 2279 doit être interprété restrictivement et que le vol seul rentre dans l'exception contenue dans cet article.

2° Lorsque les objets qui garnissent la ferme ont été déplacés sans le consentement du bailleur, celui-ci peut les revendiquer même contre un possesseur de bonne foi. Cette disposition de l'article 2102 est applicable à notre hypothèse. Le bailleur pourra donc revendiquer *jure pignoris*, mais au cas où la vente aura eu lieu dans une foire ou un marché public, il devra indemniser le tiers du prix d'achat (art. 2280, modifié par la loi du 11 juillet 1892).

Revenons au partage du bétail.

Le partage en nature du troupeau ne peut être demandé qu'à l'expiration du bail. Mais le produit des ventes réalisées dans l'année est partagé au moment du règlement de compte annuel. Dans certaines régions le métayer conserve l'argent provenant des opérations jusqu'au règlement des comptes. Dans quelques contrées, au contraire, le propriétaire est le banquier du métayer et c'est lui qui a la garde des fonds.

D'ailleurs, il est d'usage, pour éviter toute discussion, que le propriétaire et le colon tiennent chacun de son côté un registre où sont inscrites toutes les opérations et qui sert à établir la part de chacun.

APPENDICE

DE LA COMPÉTENCE DU JUGE DE PAIX EN MATIÈRE DU COLONAGE PARTIAIRE

La compétence du juge de paix est fixée en principe par l'article 1er de la loi de 1838, mais elle est étendue par les articles suivants pour certaines actions en dehors des limites de l'article 1er. Voyons d'abord le principe, nous étudierons ensuite les exceptions.

D'après l'article 1er de la loi du 25 mai 1838, *le juge de paix connaît de toutes les actions personnelles ou mobilières en dernier ressort jusqu'à la valeur de 100 francs et à charge d'appel jusque 200 francs.* Comme le contrat de colonage ne crée que des droits personnels, le juge de paix sera le juge ordinaire de toutes les actions qui en dérivent lorsqu'elles ne dépasseront pas 200 francs.

Si la demande est indéterminée, ayant par exemple pour objet d'exécuter certaines conditions du bail, certains travaux, le juge de paix n'est pas compétent à moins que cette demande puisse être évaluée par mercuriales ou soit évaluée par le demandeur lui-même à moins de 200 francs.

D'après l'opinion générale, le juge de paix compétent pour connaître de la demande l'est également pour connaître des exceptions, lors même qu'elles nécessitent l'appréciation de titres portant sur une valeur excédant les limites de sa compétence[1].

La compétence du juge de paix est étendue au delà de ces limites dans les cas suivants :

I. Article 3 (L. 25 mai 1838).

Le juge de paix connait sans appel jusqu'à 100 francs et à charge d'appel à quelque valeur que la demande puisse s'élever, de certaines actions quand le prix du bail ne dépasse pas 400 francs. En matière de bail partiaire, l'article 3 ajoute que la compétence sera déterminée en prenant pour base du revenu de la propriété le principal de la contribution foncière de l'année courante multiplié par 5. C'est la part revenant à chaque partie qui doit être considérée, et ne doit pas dépasser 400 francs.

L'article 3 s'applique au paiement des fermages (ici le paiement du reliquat de compte qui est réglementé spécialement par l'article 11 de la loi de 1889), aux congés, aux résiliations de baux, aux expéditions, demandes en validité de saisie-gagerie, saisie-revendication et aux saisies-brandons.

II. Article 4 (L. 25 mai 1838).

Pour les actions visées par cet article le juge de paix est compétent jusqu'à 100 francs sans appel ni charge d'appel, jusqu'au taux, de la compétence du tribunal civil.

Ce sont les demandes d'indemnités pour cause de non-jouissance, réclamées par le colon, soit qu'il y ait eu retard dans

1. Cass, 27 juin 1860. S. 61. 1. 511. Lyon, 22 février 1894. — *Gazette des Tribunaux*, 28 mars 1894.

la délivrance, soit que le bailleur ait négligé les réparations nécessaires, etc.

L'article 4 vise également les actions intentées par le propriétaire contre le preneur pour dégradation ou pertes (art. 1732-1735 C. civ.).

III. Article 5 (L. 25 mai 1838).

Cet article vise les demandes relatives aux réparations locatives et états des lieux.

Dans ce cas le juge est compétent jusqu'à 100 francs en dernier ressort et à charge d'appel à quelque valeur que la demande s'élève et quel que soit le revenu de la propriété.

IV. Enfin l'article 11 de la loi de 1889 réglemente les contestations soulevées par *le règlement de compte*. D'après cet article, le juge de paix est compétent lorsque les obligations, résultant du contrat, ne sont pas contestées, sans appel lorsque l'objet de la contestation ne dépasse pas le taux de la compétence en dernier ressort, et à charge d'appel à quelque somme que la demande puisse s'élever.

La loi n'indique pas le taux de la compétence en dernier ressort. Étant donné ce silence, il faut considérer que l'article 11 vise le taux ordinaire, c'est-à-dire 100 francs.

Remarquons enfin que le juge de paix n'est compétent que si l'obligation dont l'exécution est réclamée dérive du contrat et n'est pas contestée.

A quel juge doivent être soumises les contestations entre preneur et bailleur ?

En principe, c'est le juge du domicile du défendeur qui est compétent ; mais par exception le juge de la situation de l'immeuble connaît des contestations relatives aux dommages causés aux récoltes, réparations locatives et indemnités pour non-jouissance. L'instruction de ces sortes d'affaires est plus facile au juge du lieu surtout, parce qu'elles nécessitent la connaissance des usages locaux (art. 3 C. proc.).

Pour la même raison nous admettrons, ce qui est discuté, que le juge du lieu est également compétent pour les actions relatives au règlement de compte.

Vu :

Le Professeur chargé de l'examen de la thèse,

A. FETTU.

Vu :

Le Doyen, **G. de CAQUERAY.**

Vu et permis d'imprimer :

Pour le Recteur :

L'Inspecteur d'Académie délégué.

POITRINEAU.

CODE RURAL

Loi du 18 Juillet 1889. Titre IV.

Bail a Colonat partiaire.

Article premier. — Le bail à colonat partiaire ou métayage est le contrat par lequel le possesseur d'un héritage rural le remet pour un certain temps à un preneur qui s'engage à le cultiver sous la condition d'en partager les fruits avec le bailleur.

Art. 2. — Les fruits et produits se partagent par moitié s'il n'y a stipulation contraire.

Art. 3. — Le bailleur est tenu à la délivrance et à la garantie des objets compris au bail. Il doit faire aux bâtiments toutes les réparations qui peuvent devenir nécessaires. Toutefois les réparations locatives ou de menu entretien qui ne sont occasionnées ni par la vétusté, ni par force majeure, demeurent, à moins de stipulation contraire, à la charge du colon.

Art. 4. — Le preneur est tenu d'user de la chose louée en bon père de famille, en suivant la destination qui lui a été donnée par le bail; il est également tenu des obligations spécifiées pour le fermier par les articles 1730, 1731 et 1738 du Code civil.

Il répond de l'incendie, des dégradations et des pertes arrivées pendant la durée du bail, à moins qu'il ne prouve qu'il a veillé à la garde et à la conservation de la chose en bon père de famille.

Il doit se servir des bâtiments d'exploitation qui existent dans les héritages qui lui sont confiés et résider dans ceux affectés à l'habitation.

Art. 5. — Le bailleur a la surveillance des travaux et la direction générale de l'exploitation, soit pour le mode de culture, soit pour l'achat et la vente des bestiaux. L'exercice de ce droit est déterminé quant à son étendue par la convention, ou à défaut de convention, par l'usage des lieux.

Les droits de chasse et de pêche restent au propriétaire.

Art. 6. — La mort du bailleur de la métairie ne résout pas le bail à colonat.

Ce bail est résolu par la mort du preneur. La jouissance des héritiers cesse à l'époque consacrée par l'usage des lieux pour l'expiration des baux annuels.

Art. 7. — S'il a été convenu que, en cas de vente, l'acquéreur pourrait résilier, cette résiliation ne peut avoir lieu qu'à charge par l'acquéreur de donner congé suivant l'usage des lieux.

Dans ce cas, comme dans celui prévu par le dernier paragraphe de l'article précédent, le colon a droit à une indemnité pour les impenses extraordinaires qu'il a faites, jusqu'à concurrence du profit qu'il aurait pu en tirer pendant la durée de son bail. La résiliation en cas de vente est régie en plus par les articles 1743, 1749, 1750 et 1751 du Code civil.

Art. 8. — Si pendant la durée du bail les objets qui y sont compris sont détruits en totalité, par cas fortuit, le bail est résilié de plein droit. S'ils ne sont détruits qu'en partie, le bailleur peut se refuser à faire les réparations et dépenses nécessaires pour les remplacer et les rétablir. Le preneur et le bailleur peuvent dans ce cas, suivant les circonstances, demander la résiliation.

Si la résiliation est prononcée à la requête du bailleur, le juge appréciera l'indemnité qui pourrait être due au preneur conformément au deuxième paragraphe de l'article 7.

Art. 9. — Si, dans le cours de la jouissance du colon, une partie de la récolte est enlevée par cas fortuit, il n'a pas d'indemnité à demander au bailleur.

Chacun d'eux supporte sa portion correspondante dans la perte commune.

Art. 10. — Le bailleur exerce le privilège de l'article 2102 du Code civil sur les meubles, effets, bestiaux et portions de récolte appartenant au colon, pour le paiement du reliquat de compte à rendre par celui-ci.

Art. 11. — Chacune des parties peut demander le règlement annuel du compte d'exploitation.

Le juge de paix prononce sur les difficultés relatives aux articles du compte lorsque les obligations résultant du contrat ne sont pas contestées, sans appel, lorsque l'objet de la contestation ne dépasse pas le taux de sa compétence générale en dernier ressort, et à charge d'appel à quelque somme qu'il puisse s'élever.

Le juge statue sur le vu des registres des parties ; il peut même administrer la preuve testimoniale s'il le juge convenable.

Art. 12. — Toute action résultant du bail à colonat partiaire se prescrit par cinq ans à partir de la sortie du colon.

Art. 13. — Les dispositions de la section Ire du titre du louage contenues dans l'article 1718 et dans les articles 1736 à 1741 inclusivement et celles de la section III du même titre contenues dans les articles 1766, 1777 et 1778 sont applicables aux baux à métayage partiaire.

Ces baux sont en outre régis par l'usage des lieux pour le surplus.

TABLE

RENNES, IMPRIMERIE FR. SIMON, SUCC[r] DE A. LE ROY

IMPRIMEUR BREVETÉ

www.ingramcontent.com/pod-product-compliance
Ingram Content Group UK Ltd.
Pitfield, Milton Keynes, MK11 3LW, UK
UKHW021551260726
13993UKWH00002B/769

9 782329 380353